Nina Kölsch-Bunzen
Kindertageseinrichtungen gegen Antisemitismus

Nina Kölsch-Bunzen

Kindertageseinrichtungen gegen Antisemitismus

Aus guten Geschichten lernen

Die Autorin

Prof. Dr. phil. Nina Kölsch-Bunzen lehrt Soziale Arbeit und Kindheitspädagogik an der Hochschule Esslingen. Arbeitsschwerpunkt: diskriminierungs-, barriere-, rassismus- und antisemitismuskritische, menschenrechtsorientierte, demokratische Bildung mit Kindern in der Migrationsgesellschaft.

Dieses Buch ist erhältlich als:
ISBN 978-3-7799-6923-5 Print
ISBN 978-3-7799-6924-2 E-Book (PDF)

1. Auflage 2023

in der Verlagsgruppe Beltz · Weinheim Basel
Werderstraße 10, 69469 Weinheim

Herstellung: Ulrike Poppel
Satz: text plus form, Dresden
Druck und Bindung: Beltz Grafische Betriebe, Bad Langensalza
Beltz Grafische Betriebe ist ein klimaneutrales Unternehmen (ID 15985-2104-100)
Printed in Germany

Weitere Informationen zu unseren Autor:innen und Titeln finden Sie unter: www.beltz.de

Inhalt

1. Einleitung

1.1 Antisemitismus als gesellschaftliches Problem

Antisemitismus ist für die Gesellschaft ein schwerwiegendes Problem. Eine menschenrechtsorientierte, demokratische Gesellschaft, die Antisemitismus zulässt, untergräbt ihre eigenen Fundamente.

Der Mediendienst Integration (2021) vermeldet im Jahr 2020 einen Anstieg der Straftaten gegen jüdische Menschen und Einrichtungen um 16% gegenüber dem Vorjahr und konstatiert: „Das ist ein neuer Höchststand seit Beginn der Erfassung antisemitischer Straftaten in der Statistik zur ‚Politisch Motivierten Kriminalität'."

Leider handelt sich hier um die Spitze eines Eisberges. Das Forscher*innen-Team um Decker/Brähler (2020) ringt sich in ihrer repräsentativen Befragung im Jahr 2020 zu dieser bitteren Erkenntnis durch: „Keine politische Selbstverortung, keine Wählerschaft und auch keine soziale Gruppe ist völlig frei vom Antisemitismus." (242) Das Forscher*innen-Team um Decker/Brähler (2020, Kap. 7) legte den Befragten u. a. die folgenden Aussagen vor:

Items	**Zustimmung:** voll bzw. überwiegend (manifest) und teils/teils (latent); in Prozent
Tradierter Antisemitismus:	
„Auch heute noch ist der Einfluss der Juden zu groß."	34,8
„Die Juden arbeiten mehr als andere Menschen mit üblen Tricks, um das zu erreichen, was sie wollen."	27,5
„Die Juden haben einfach etwas Besonderes und Eigentümliches an sich und passen nicht so recht zu uns."	24,8
Tradierter Antisemitismus in der Umwegkommunikation:	
„Ich kann es gut verstehen, dass manchen Leuten Juden unangenehm sind."	34,1
„Man darf ja nicht sagen, was man über die Juden wirklich denkt."	30,0
„Juden gehören selbstverständlich zur deutschen Bevölkerung." Hier werden die Werte für Ablehnung bzw. überwiegende Ablehung und für latente Ablehung (teils/teils) addiert.	34,6

Items	**Zustimmung:** voll bzw. überwiegend (manifest) und teils/teils (latent); in Prozent
Schuldabwehrantisemitismus:	
„Es macht mich wütend, dass die Vertreibung der Deutschen und die Bombardierung deutscher Städte immer als kleinere Verbrechen angesehen werden."	66,3
„Reparationsforderungen an Deutschland nutzen oft gar nicht den Opfern, sondern einer Holocaust-Industrie von findigen Anwälten."	73,7
„Wir sollten uns lieber gegenwärtigen Problemen widmen als Ereignissen, die mehr als 70 Jahre vergangen sind."	79,9
Israelbezogener Antisemitismus:	
„Israels Politik in Palästina ist genauso schlimm wie die Politik der Nazis im Zweiten Weltkrieg."	69,7
„Durch die israelische Politik werden mir die Juden immer unsympathischer."	43,2
„Auch andere Nationen mögen ihre Schattenseiten haben, aber die Verbrechen Israels wiegen am schwersten."	46,1

eigene Darstellung, NKB

Die Aussagen finden in Ostdeutschland stets noch etwas mehr Zustimmung als in Westdeutschland. Die Schwankungen liegen je Item zwischen mindestens 0,3 % und höchstens 10,6 %. Das Forscher*innen-Team um Decker/Brähler (2020) untersucht wichtige Aspekte des Antisemitismus, die sich in den Einstellungen der Befragten aufweisen lassen. Differenziert wird zwischen tradiertem Antisemitismus, tradiertem Antisemitismus in der Umwegkommunikation, Schuldabwehrantisemitismus und israelbezogenem Antisemitismus.

Beim *tradierten Antisemitismus* wird die Tatsache ignoriert, dass lediglich 14,8 Millionen (Statista 2020) von insgesamt 7,89 Milliarden Menschen der Weltbevölkerung (Statista 2021) jüdisch sind. (Statista 2020) Für die Hoffung auf ein Leben ohne Diskriminierung in der Bundesrepublik haben sich, laut BMI (2022), aus den Ländern der ehemaligen Sowjetunion seit 1990 ca. 215 000 jüdische Migrantinnen und Migranten entschieden. Hiervon gehören rund 95 000 jüdischen Gemeinden an. Insgesamt haben 0,26 % von 83,7 Millionen Einwohner*innen in Deutschland einen jüdischen Familienhintergrund. In Deutschland werfen ihnen nicht wenige Mitglieder der Mehrheitsgesellschaft vor, zu viel schlechten Einfluss auszuüben. ‚Die Juden' werden als ‚unpassend' für ‚uns' gelabelt.

Mittlerweile findet der *tradierte Antisemitismus als Umwegkommunikation* alternative Ausdrucksmöglichkeiten. Diese Kommunikationsform sucht durch Verschleierung ihres antisemitischen Inhalts Anschluss zu finden an gesellschaftskritische Diskurse, so beispielsweise nach dem Forscher*innen-Team um Deckert/Brähler (2020)

> „durch bestimmte Spielarten der Kritik am kapitalistischen Wirtschaftssystem, denen ein antisemitisches Ressentiment zugrunde liegt. In diesem Fall wird nicht vom ‚raffgierigen Juden' gesprochen, sondern vom ‚Ostküstenkapital', von der ‚Wall-Street' oder schlicht von ‚US-Amerikanern'. Das Objekt ist also gleich, die Benennung aber umgelenkt. Denn seit dem Ende des Zweiten Weltkrieges, und noch einmal deutlicher seit den 1980er-Jahren, unterliegt der tradierte Antisemitismus in der Öffentlichkeit einer sozialen Ächtung." (221)

Die Umwegkommunikation diskriminiert und gibt sich selbst als ‚unterdrückt' aus: „Man darf ja nicht sagen, was man über die Juden wirklich denkt". Hinter der Zustimmung zu diesem Item steht eine verschwommene, bedrohlich wirkende Vorstellung von ‚den Juden', die angeblich die Meinungsfreiheit unterbinden.

Der *Schuldabwehrantisemitismus* nach 1945 meint einerseits die Abwehr einer eigenen Schuld, die man im NS-Regime als Täter*in, Profiteur*in, Bystander*in auf sich geladen hatte. Dieser Abwehrmechanismus bezieht sich aber auch auf einen Personenkreis, der sich persönlich gar nicht schuldig gemacht hat, jedoch die Verantwortung ablehnt, sich angemessen gegenüber den NS-Verbrechen zu positionieren. Das Forscher*innen-Team um Decker/Brähler (2020) führt zum insbesondere in Deutschland immer noch verbreiteten Schuldabwehrantisemitismus aus:

> „Damit bezeichnete er ein psychisches Phänomen der Erinnerungs- und Schuldabwehr, mit dem die Folgegenerationen das Wissen um die Verbrechen ihrer Eltern handhabe. Um ein positives Bild der Eltern aufrechtzuerhalten, finde eine Projektion ihrer Schuld auf die Opfergruppe statt – auf Jüdinnen und Juden –, zum Beispiel durch die Unterstellung jüdischer Mitschuld und Kollaboration während der Shoah, durch den Vorwurf der Instrumentalisierung des Holocausts durch die Opfer oder durch die Relativierung deutscher Verbrechen bei gleichzeitiger Betonung der eigenen Verluste durch Bombardierung und Vertreibung." (220)

Auch im *israelbezogenen Antisemitismus* drückt sich antisemitische Rede aus. In den oben angegebenen Items spricht sich keine faire Kritik aus. Hier findet sich Zustimmung in manifester oder latenter Form, dass man den von der Economist Inteligence Unit (2021) explizit als demokratisch ausgewiesenen Staat Israel mit dem diktatorischen NS-Regime gleichsetzt. Man stimmt der Aussage zu, die den Staat Israel zum allerschlimmsten Unrechtsstaat erklärt. Man stimmt zu, dass alle ‚Juden' für die Politik eines Landes, dem sie mehrheitlich nicht angehören, verantwortlich gemacht werden.

Das Phänomen Antisemitismus ist immer noch verankert in der Gesellschaft. Es ist unwahrscheinlich, dass Bildungsinstitutionen hiervon nicht betroffen sein sollen. Für den Bereich der Schule kann verwiesen werden auf die Studien von Bernstein (2020), Perko (2020) und Salzborn (2021), die insbesondere die Sekundarstufen I und II in den Blick nehmen. Eltern, Schüler*innen und Lehrkräfte an Schulen sind von Antisemititsmus betroffen oder üben Antisemitismus aus.

Für den Bereich der Grundschule liegen erste Beobachtungen vor. So musste die Senatsverwaltung für Bildung, Jugend, Familie zu Berlin (2020, 10) feststellen, dass bereits Grundschulkinder Antisemitismus ausprägen. In der Broschüre der Senatsverwaltung heißt es:

„Im November 2016 sang ein Schüler beispielsweise im Deutschunterricht in einer Schule in Hellersdorf ‚Tut, tut, tut, die Eisenbahn, wer will mit nach Auschwitz fahren?', woraufhin eine Mitschülerin 36 Namen von Schülerinnen und Schülern aus anderen Klassen und von Lehrerinnen und Lehrern aufschrieb, die sie deportieren würde. An einer Tempelhofer Grundschule wurde im Februar 2018 eine Schülerin von einem Mitschüler gefragt, ob sie Jüdin sei. Der Schüler habe daraufhin nach Informationen der Berliner Zeitung mehrfach in bedrohlichem Tonfall das Wort ‚Jude' gesagt. Es wurde ein Fall bekannt, bei dem ein achtjähriger Junge in einer Berliner Schule im April 2019 einen Witz mit NS-Bezug erzählte, während ein jüdisches Mädchen daneben stand und ihm klar signalisierte, dass sie das nicht gut findet. Im März 2019 hatte ein Schüler an einer Schule in Weißensee im Englischunterricht quer durch den Klassenraum geäußert: ‚Habt ihr schon einmal ein jüdisches Familienfoto gesehen? Da ist nur Rauch drauf.'" (10)

1.2 Antisemitismusprävention als Bildungsaufgabe in Kindertageseinrichtungen

Eine Schule, die Antisemitismus nichts entgegenzusetzen hat, befördert für alle Schülerinnen und Schüler, für alle Angehörigen und für alle Lehrkräfte und weiteren Mitarbeiter*innen ein Schulklima, das Demokratie und Menschenrechte unterminiert.

Dem Antisemitismusbeauftragten des Bundeslandes Baden-Württemberg Blume ist zuzustimmen, wenn er prägnant formuliert: „Antisemitismus bedroht am Ende uns alle." (2019, 171, Buchrückseite) Antisemitismus betriff Jüdinnen und Juden, aber es markiert ein Problem der Mehrheitsgesellschaft, das letztlich auch nur aus der Mehrheitsgesellschaft heraus eine Lösung finden kann. Somit sind u. a. auch Schulen hier deutlich gefordert.

Für Kindertageseinrichtungen als erste öffentliche Bildungsinstitution muss dies ebenso gelten. Hierzu möchte dieses Buch einen Beitrag leisten. Denn auch, wenn die oben angeführten Beispiele aus dem Bereich der Grundschule stammen, dürfte klar sein, dass Kinder antisemitische Äußerungen nicht erst in die Schultüte gelegt bekommen.

Wenig jedoch ist bekannt, wie Kinder im Elementarbereich sich zu der Thematik ‚Antisemitismus' stellen. Hier gibt es auf nationaler und internationaler Ebene dringenden Forschungsbedarf. Aus Studien wissen wir, dass auch schon von Kindern unter 6 Jahren Vorurteile beispielsweise gegenüber Personen, die sich als Black, Indigenous and People of Color (BIPoC) verstehen, vorgebracht werden können. (vgl.: Clark/Clark 1947, Van Ausdale/Feagin 2001, Quian et al. 2015, Mandalaywala et al. 2020) Bereits Kinder im Elementarbereich greifen Vorurteile ihrer sozialen Umwelt auf und probieren aus, welche Effekte sich damit in der alltäglichen Kommunikation erzielen lassen. Mittlerweile gibt es Praxisbücher zum Thema ‚Vielfalt', die darauf abzielen, die professionelle Handlungsfähigkeit im pädagogischen Alltag insbesondere von Fachkräften in der Erziehung und Bildung von Kindern in der Elementarpädagogik zu stärken. Die Autorin hat gemeinsam mit einer Kollegin und einem Kollegen selbst dazu unter dem Titel „Vielfalt annehmen und gestalten" ein Fachbuch verfasst (Kölsch-Bunzen/Morys/Knoblauch 2015).

Jedoch fehlen gerade für den Elementarbereich pädagogisch fundierte Empfehlungen zum angemessenen Umgang mit dem Thema ‚Antisemitismus' und vor allen Dingen zur Prävention von Antisemitismus.

Diese Handreichung möchte Kolleg*innen, die an Hochschulen Kindheitspädagogik bzw. Soziale Arbeit lehren oder an Fachschulen Erziehungsfachkräfte ausbilden, Fachschüler*innen der Sozialpädagogik, Studierende der

Kindheitspädagogik, pädagogische Fachkräfte, Erzieher*innen und Kindheitspädagog*innen in Kindertageseinrichtungen, Leiter*innen von Kindertagesstätten, Fachberater*innen, pädagogische Berater*innen von Trägern sozialer Einrichtungen, aber auch Tageseltern sowie Väter, Mütter und Angehörige dabei unterstützen, bereits für Kinder unter 6 Jahren ein Bildungsumfeld zu schaffen, in dem durch positive Bildungserfahrungen realitätsbezogene Vorstellungen zur Vielfalt jüdischer Religion, zu Juden und Jüdinnen in Vergangenheit und Gegenwart entwickelt werden können. Hierbei soll es primär um Prävention von Antisemitismus gehen.

Während man im Elementarbereich bei den Kindern eher erwarten kann, dass sie mitunter versuchsweise auch antisemitische Vorstellungen und Motive der Umwelt aufgreifen und im Alltag erproben, können sowohl bei den Eltern und Angehörigen als auch bei den Fachkräften mitunter antisemitische Vorstellungen vorliegen. Erwachsene können auf den Vorwurf, Antisemitismus nicht entgegengewirkt zu haben, oder auf den Vorwurf, eine antisemitische Formel sogar selbst verwendet zu haben, mit großem Unbehagen reagieren und Verantwortung weit von sich weisen. Der professionelle Umgang mit Antisemitismus in Bildungsinstitutionen und darüber hinaus ist mitunter schambehaftet, gerade bei Personen, die sich selbst als nichtantisemitisch verstehen. Es ist wichtig, sich hiermit bewusst auseinanderzusetzen.

Eine Handreichung zum Thema ‚Kitas gegen Antisemitismus' soll differenziert Wege aufzeigen, wie alle in der Bildungsinstitution Kindertageseinrichtung zusammenwirkenden Akteure Sicherheit gewinnen können. Es muss pädagogischen Fachkräften ermöglicht werden, professionell wohlreflektiert und angemessen zu handeln, wenn beispielsweise Kinder in der Kindertageseinrichtung einander mit ‚Du Jude' beschimpfen.

Pädagogische Fachkräfte sollen in ihrer Professionalität gestärkt werden, Kinderrechte im Bildungsalltag von Kindern umzusetzen, wozu ein angemessener pädagogischer Umgang mit Antisemitismus integral hinzugehört. *Eltern* sollen Unterstützung dabei erfahren, ihrer Rolle gerecht werden. Hier setzt die die UN-Kinderrechtskonvention (1989) Maßstäbe. Laut UN-KRK Artikel 3 sind Elternrechte gebunden an die Förderung des Kindeswohls. Die UN-KRK zielt auf Beteiligung von Kindern in allen sie betreffenden Bereichen. *Kinder* sollen unterstützt und befähigt werden, ihre demokratischen Rechte wahrnehmen zu können.

Alle Akteure der Bildungsinstitution Kindertageseinrichtung sind aufgerufen, hier an einem Strang zu ziehen. Antisemitismus ist per se demokratiefeindlich. Antisemitismus schädigt die Entwicklung aller Kinder, auch der Kinder in der elementarpädagogischen Bildungseinrichtung einer Kindertagesstätte, die ein Recht auf eine demokratische Erziehung, Bildung und Betreuung haben. Insofern sind Kinder grundsätzlich dabei zu unterstützen, dass sich bei ihnen keine antisemitischen Vorstellungsmuster verfestigen. Jüdische und nicht-jüdische Kinder sind dabei zu unterstützen, einen realitätsgerechten positiven Bezug zum Judentum aufbauen zu können in einer Bildungseinrichtung, die antisemitischer Diskriminierung entschlossen entgegenzuwirken vermag.

Für die Erwachsenen gilt, dass sie sich hierzu auch mit möglicherweise vorhandenen eigenen antisemitischen Vorstellungsmustern auseinandersetzen und aktiv darauf hinarbeiten, diese zu überwinden. Ferner sollen ihnen Möglichkeiten geboten werden, als professionell handelnde pädagogische Fachkräfte bzw. als kompetente Eltern versiert mit Aushandlungsprozessen unter Kindern im Elementarbereich, die möglicherweise auch schon einmal antisemitische Formeln und Floskeln experimentell in ihre Argumentationen aufnehmen, umzugehen.

Dabei sollen die Kinder jedoch keinesfalls einer ‚Pädagogik des Verdachts' ausgesetzt sein. Vielmehr sollte davon ausgegangen werden, dass Kinder im Elementarbereich mit Denkmustern jonglieren und dies auch mit zunehmender kommunikativer Kompetenz versuchsweise durchaus strategisch einsetzen. Wichtig ist in dieser Handreichung, die Kinder passgenau dort abzuholen, wo sie stehen. Hier soll es insbesondere darum gehen, Kindern eine Welt jenseits von antisemitischen Vorstellungen zu eröffnen. Kindern im Elementarbereich sollen somit ganz bewusst positive Anknüpfungspunkte an vielfältiges jüdisches Leben nahegebracht werden. Dieses Buch will dazu anregen, gute Geschichten in den Bildungshorizont der Kinder einzubringen. Die Idee ist, dass Kindern die Gelegenheit gegeben wird, mit realistischen Bildern eines facettenreichen Judentums umgehen zu lernen.

Die Chance für nichtjüdische Kinder jüdischen Menschen im Alltag zu begegnen, ist gegeben. Jedoch ist sehr viel wahrscheinlicher, dass Kinder diese Erfahrung in ihrer Lebenswelt nicht machen. Antisemitismus benötigt jedoch keine Begegnung mit realen jüdischen Menschen, um Wirksamkeit zu entfalten. Es ist also sehr viel wahrscheinlicher, dass gerade kleine Kinder mit antisemitischen Vorstellungen konfrontiert sind, als dass sie die Gelegenheit bekommen, sich ein eigenes, realistisches Bild von Jüdinnen und Juden in ihrem unmittelbaren Umfeld aufzubauen. Hier gibt es insofern Handlungsbedarf, Kindern unter 6 Jahren im Elementarbereich Bildungserfahrungen zu ermöglichen, durch gute Geschichten und gute Begegnungen einen realistischen Blick auf jüdische Vielfalt zu erhalten, damit sich gar nicht erst aus einem unbewussten frühkindlichen Umgang mit antisemitischem Material latente oder manifeste antisemitische Denkmuster entwickeln.

1.3 Der Aufbau des Buches

Die Struktur dieses Buches wird im Folgenden kurz erläutert:

Im *2. Kapitel* sollen grundlegende Begrifflichkeiten geklärt werden: Ist Antisemitismus ein Vorurteil, ein Klischee oder ein Ressentiment? Festgestellt werden kann, dass diese Begriffe das Phänomen Antisemitismus nicht angemessen erfassen. Vielmehr geht es, wie die Arbeitsdefinition der International Holocaust Remembrance Alliance/Internationale Allianz zum Holocaustgedenken (2021) darlegt, bei Antisemitismus um eine „bestimmte Wahrnehmung", die keinen Anhalt in der Realität hat. Auch mit dem Begriff Rassismus ist Antisemitismus nicht angemessen zu erfassen. Denn zum einen weist der Antisemitismus eine spezifische Entwicklungsgeschichte auf, die vom religiösen Antijudaismus über den modernen Antisemitismus, den Antisemitismus im NS, den Antisemitismus nach der Schoah bis zum israelbezogenen Antisemitismus/Anti-Israelismus reicht. Zum anderen zielt der Antisemitismus von seiner Grundstruktur auf Vernichtung ab. Diese Spezifika des Antisemitismus lassen auch eine Beschimpfung wie ‚Du Jude' in einer anderen Perspektive erscheinen.

Im *3. Kapitel* wird aufgezeigt, dass eine ‚Kita gegen Antisemitismus' sich grundsätzlich als menschenrechtlich orientiert und demokratisch ausgerichtet erweisen muss. Antisemitismusprävention macht als Ein-Punkt-Programm einer Kita oder als isoliertes Einzelprojekt wenig Sinn. Kinder werden merken, dass es sich hier um etwas Aufgesetztes, Nicht-Stimmiges handelt. Nur eine menschenrechtlich und demokratisch fundierte Bildungseinrichtung wird moralische Kraft und Glaubwürdigkeit entfalten, Kinder davon zu überzeugen, dass es gewünscht ist, sich ein eigenes differenziertes Bild menschlicher Vielfalt zu machen.

Kinder sind Akteure in ihrer Lebenswelt. Kinder haben demokratische Rechte. Demokratische Bildung ist von Anfang an geboten. Anerkennung kann nicht nur postuliert werden, sondern sie realisiert sich für Kinder, Mitarbeiter*innen, für Eltern und Angehörige in Kindertageseinrichtungen als konkrete Erfahrung. Es gilt, Partizipation zu leben. Dies erfahren Kinder in Bildungsprozessen, durch Mitwirkung an Entscheidungen, die ihren Alltag betreffen, durch demokratische Beteiligungsformen. Dies erfahren Kinder beim Schlichten eines Streits in fairen Aushandlungsprozessen. Dies erfahren Kinder dadurch, dass pädagogische Fachkräfte sie professionell dabei unterstützen, demokratisch anerkennend mit Vielfalt umzugehen im Blick auf Dimensionen, an denen Nicht-Anerkennung ansetzen kann, wie Geschlecht, Zuschreibung einer ‚Rasse', Armut, Körperformen, Behindert-Werden, Alter, Religionszugehörigkeit und Antisemitismus.

Im Rahmen einer auf Menschenwürde und Demokratie basierenden pädagogischen Grundausrichtung kann sich die Bildungsinstitution Kindertageseinrichtung glaubwürdig gegen Antisemitismus positionieren.

Im *4. Kapitel* werden eine Fülle von Tipps gegeben, wie Kinder in Kindertageseinrichtungen aus guten Geschichten viel über das Judentum erfahren können. All diese Angebote sollten eingefügt sein in eine Konzeption, die sich klar für Menschenrechte und Demokratie ausspricht. Es ist außerdem wichtig, dass pädagogische Fachkräfte sich mit ihrer eigenen Haltung gegenüber dem Judentum, gegenüber Jüdinnen und Juden auseinandersetzen. Hier wird insbesondere auf die Themen ‚Schuld', ‚Scham', ‚Verantwortung' eingegangen. Falsch verstandene Schuldgefühle können Lernprozesse verschließen, während Schamgefühle auf die eigenen positiven Wertmaßstäbe hinweisen können, die durch eine Konfrontation mit Antisemitismus aufgerufen werden können. Schuld und Scham können gerade im Umgang mit dem Thema Antisemitismus verwechselt werden. Angeregt wird auch zu einer Reflexion über die eigene religiöse Lerngeschichte. Dabei ist es unerheblich, ob diese Lerngeschichte zur Annahme einer Religion oder zur Ablehnung geführt hat. Diese Selbstreflexion ist in jedem Falle notwendig, um eine professionelle Religionssensibilität entwickeln zu können.

Auch das eigene Verhältnis gegenüber dem Staat Israel gilt es rational zu klären. Hier gibt es einige Hinweise, wie dieser Klärungsprozess angelegt werden könnte. Es gibt auch Anleitung, wie mit antisemitischen Beschimpfungen in der Kindertageseinrichtung umzugehen wäre. Informiert wird über die Vielfalt im Judentum. Um dieser Vielfalt willen sollten jüdische Kinder in einer Kindertageseinrichtung auch nicht als ‚kleine Vertreter*innen' des Judentums vorgeführt werden. Diese Kinder leben die für sie stimmigen Aspekte der Vielfalt jüdischen Lebens. Es geht ja in diesem Buch zentral darum, die guten Geschichten zu erzählen, um früh ein Gegengewicht anzubieten gegen antisemitische Phantasmagorien, mit denen die Kinder in späterem Alter mit Sicherheit, angesichts der Verbreitung antisemitischer Vorstellungen in der Bevölkerung konfrontiert werden. Insofern werden die Geschenke der jüdischen Religion an die Menschheit vorgestellt. Auch wird hier ein positiver Blick auf Israel geworfen. Berichtet wird von pädagogischen Fachkräften in Kindertageseinrichtungen und Lehrenden an Schulen in Israel, die sich für eine gutes Zusammenleben zwischen der jüdischen Bevölkerung und der arabisch-muslimischen einsetzen. Positive Aussagen im Koran werden vorgestellt, die verdeutlichen, dass es eine grundlegende Feindschaft zwischen den beiden Religionen nicht geben muss. Auch antijudaistische Tendenzen im Neuen Testament gehören nicht zum Kernbestand christlicher Glaubenslehre. In einem weiteren Abschnitt können sich pädagogische Fachkräfte über jüdische Feiertage informieren. Es wird nicht erwartet, dass die Feiertage in der Kindertageseinrichtung ‚nachgefeiert' werden. Das würde nur ‚künstlich' und befremdlich wirken. Es geht hier vielmehr darum, Angebote zu schaffen, die auch schon Kindern in einer elementarpädagogischen Bildungseinrichtung ermöglichen, einzelnen Symbolen aus jüdischer Tradition etwas Positives abzugewinnen.

Dies geschieht jedoch keinesfalls in missionarischer Absicht. Das Judentum missioniert nicht. Hier geht es um ein Verstehen von Sinndimensionen, die in Symbolen zum Ausdruck kommen kann. Dies fördert eine frühe Religionssensibilität der Kinder. Es geht also nicht um einen gläubigen Nachvollzug, sondern um ein Nachdenken und Nachfühlen. Da Jüdinnen und Juden sehr oft im Hinblick auf die Schoah, den Holocaust reduziert werden in der öffentlichen Darstellung, ist es wichtig, hier früh ein Gegengewicht anzubieten. Hier werden die Lebensgeschichten berühmter jüdischer Persönlichkeiten vorgestellt, die anhand von Bilderbüchern mit den Kindern besprochen werden können.

Ein Besuch einer Synagoge mit Kindern einer Kindertageseinrichtung kann anhand dieses Buches vorbereitet werden. Um den Kindern die Sicherheitskontrollen am Eingang einer jeden Synagoge in Deutschland verständlich machen zu können, ist es wichtig, über Antisemitismus zu sprechen. Dies kann anhand eines Bilderbuches ermöglicht werden. Am Ende wird noch das wichtige jüdische Prinzip Tikkun olam, Verbesserung der Welt, vorgestellt. Es verweist auf die Verantwortung, die Jüdinnen und Juden für eine gemeinsame Welt übernehmen sollen, durch Mitzwot, durch gute Taten.

Im *5. Kapitel* werden die wichtigsten Aspekte einer Antisemitismusprävention in Kindertageseinrichtungen zusammengefasst.

Zur Schreibweise

In diesem Buch werden unterschiedliche Formen einer gendergerechten Schreibweise verwendet: so der Asterisk, genderneutrale Formulierungen und die Benennung der männlichen und der weiblichen Form, in dem Wissen, dass Geschlecht vielfältig gelebt wird und dies auch seinen sprachlichen Ausdruck finden soll. Sprachlich ungenau ist diese Schreibweise: ‚Jüd*innen'. Es gibt Jüdinnen, aber keine ‚Jüden'. Eventuell kann man es so versuchen: Jüdinnen*Juden. In diesem Buch wird von Jüdinnen und Juden gesprochen.

Worte aus dem Hebräischen in eine deutsche Schreibweise zu übertragen ist nicht ganz einfach. Dies kann an dem Wort Torah verdeutlicht werden. So sieht die hebräische Schreibweise aus: תּוֹרָה, gelesen von rechts nach links. Und so wird die Transliteration, die buchstabengetreue Übertragung von Worten aus einer Schriftform in eine andere, ausgeführt: tôrāh. Für eine gut lesbare Übertragung ins Deutsche gibt es verschiedene Möglichkeiten, je nachdem, wie stark man der Transliteration verpflichtet ist: Thorah, Torah, Thora, Tora. All diese Möglichkeiten finden sich in der Literatur. So wird in diesem Buch auch bei Zitaten der jeweils vorgegebenen Schreibweise gefolgt. Jenseits der Zitate wird eine Umschrift verwendet, die möglichst der Transliteration folgt. Beim Wort תּוֹרָה, *tôrāh,* wird demnach diese Schreibeise verwendet: Torah.

Für das Wort שׁוֹאָה, *schoah,* gibt es im Deutschen diese Übertragung: Schoah und im Englischen diese: Shoah bzw. Shoa. Im vorliegenden Buch wird die deutsche Übertragung gewählt, in Zitaten jedoch die jeweils vorfindliche. Der Begriff ‚Schoah' kann mit ‚Katastrophe, extremes Unheil' übersetzt werden. Er ist in jüdischen Kontexten gebräuchlicher als der Begriff Holocaust, der dem Altgriechischen entnommen ist: ὁλόκαυστος, holókaustos, bedeutet in deutscher Übersetzung ‚vollständig Verbranntes' oder ‚Brandopfer'.

2. Antijudaismus und Antisemitismus – der Versuch einer Begriffsklärung

2.1 Antisemitismus ist kein Vorurteil

„Kleine Kinder, keine Vorurteile?“ fragt das Autorinnenteam Preissing/Wagner in ihrem gleichnamigen Buch (2003) und beantwortet die Frage eindeutig: „Bereits Vorschulkinder äußern Vorurteile.“ (Buchrückseite).

Der US-amerikanische Wissenschaftler Allport führte in den 1950er Jahren den Begriff des Vorurteils in die Sozialwissenschaften ein. Er definiert Vorurteil als „eine Antipathie, die auf einer fehlerhaften und starren Generalisierung basiert. Es wird gefühlt oder zum Ausdruck gebracht. Es kann sich gegen eine Gruppe insgesamt richten oder gegen ein Individuum, weil es Mitglied dieser Gruppe ist.“ (Allport 1979, 9)

Schwarz-Friesel/Reinharz (2013, 109) fassen Vorurteile als „mentale Urteile, als innere Einstellungen von Individuen zu bestimmten Sachverhalten oder Personen(gruppen)“ auf.

Diese negativen mentalen Urteile basieren auf der zunächst einmal neutralen Fähigkeit von Menschen zur Kategorienbildung. Bereits im ersten Lebensjahr unterscheiden Kinder erste Basiskategorien wie: unbelebte Dinge, Menschen, andere Lebewesen. (Siegler et al. 2005, 359) Zwischen dem 7. und dem 11. Lebensmonat können Kleinkinder bereits Plastikfiguren von Menschen und Säugetieren eindeutig auseinanderhalten. Ab dem 11. Monat unterscheiden sie sicher kleine Plastiktierfiguren von Plastikmöbeln in ähnlicher Größe. (ebd.)

Aus dem Zusammenwirken des Temporalhirns mit der Speicherfähigkeit für wesentliche Merkmale von Objekten und dem Frontalhirn mit der Fähigkeit zur Kategorienbildung entwickelt sich ein zunehmend differenzierteres Kategoriensystem. (Spitzer 2002, 90–98) Dieses Zusammenwirken muss fluide bleiben, indem es sich immer wieder öffnet für neue Erkenntnisse und Einsichten. Nur so können sich die Kategorienbildung in Bezug auf Objekte, die Tierwelt und die Welt des Sozialen zunehmend realitätsbezogener differenzieren und Übergeneralisierungen korrigiert werden.

Gerade im Bereich des Sozialen ist diese Fähigkeit zur Differenzierung besonders wichtig. Hier kann es zur Ausprägung von Stereotypen kommen.

Stereotypen sind Übergeneralisierungen, mit denen positive oder auch negative All-Aussagen getätigt werden, denen eine Differenzierung fehlt. Schwarz-Friesel/Reinharz (2013) präzisieren:

> „Kognitiv betrachtet ist ein Stereotyp eine mentale Repräsentation im Langzeitgedächtnis (LZG), die als charakteristische erachtete Merkmale (Eigenschaften) eines Menschen bzw. einer Gruppe von Menschen abbildet und dabei durch grobe Generalisierung bzw. Simplifizierung eine reduzierte, verzerrte und/oder falsche Repräsentation des Repräsentierten darstellt." (107 f.)

Als Untergruppe leiten sich von Stereotypen die Vorurteile ab, bei denen sich im sozialen Bereich die stereotype Übergeneralisierung mit einem eindeutig negativen Urteil verknüpft.

Vorurteile stützen sich zum einen auf eine Übergeneralisierung von Wahrgenommenem, zum anderen können sie jedoch auch vollständig mit Klischees aufgefüllt werden. „Klischees", so Schwarz-Friesel/Reinharz (2013), „sind personenunabhängig, also keine persönlichen Einstellungen, sie sind überindividuell und Bestandteil des kollektiven Wissens einer Gesellschaft." (109) Sie stehen „oft mit Redensarten oder Phrasen in Verbindung". (ebd.) Vorurteile gerinnen zu Klischees und lassen sich dann noch einmal zu kurzen „Floskeln" (ebd.) verdichten. Klischees und knappe eingängige Floskeln unterliegen nicht mehr der individuellen Wahrnehmung als Korrektiv. Hierin liegt ihre oftmals unterschatzte Wirksamkeit. Klischees und Floskeln sind eingängig und werden leicht wie nebenbei, unreflektiert übernommen, wenn ihnen im sozialen Umfeld nicht widersprochen wird, oder wenn sie darüber hinaus sogar im sozialen Umfeld geteilt werden.

Beim Antisemitismus handelt es sich, wie im Folgenden noch gezeigt wird, im Kern nicht um ein Vorurteil, auch wenn sich Klischees und Floskeln an den Kernbestand anschließen können. Antisemitismus beruht vielmehr im Kern auf Vorstellungen, die keinerlei Anhalt in der Wirklichkeit haben, der sich generalisieren ließe. Insofern stellt die Prävention von Antisemitismus auch eine ganz spezifische Herausforderung in Bildungsprozessen dar.

2.2 Antisemitismus als Konstruktion Gruppenbezogener Menschenfeindlichkeit

Vorurteile, als negative soziale Urteile über Personen und Personengruppen, können sich u. a. als Konstruktionen *Gruppenbezogener Menschenfeindlichkeit*

(GMF) zeigen, denen gemeinsam ist, dass sie pauschalisierte abwertende Einstellungen und Haltungen gegenüber bestimmten Menschen und Menschengruppen beinhalten. Aufgeführt werden bei Zick/Küpper (2021, 187 f.f): Fremden- und Ausländerfeindlichkeit, Muslimfeindlichkeit, Sexismus, Rassismus, Etabliertenvorrechte, Abwertung asylsuchender Menschen, Abwertung von Sinti*zze und Rom*nja, Abwertung homosexueller Menschen, Abwertung von Trans*Menschen, Abwertung wohnungsloser Menschen, Abwertung von Menschen mit Behinderung, Abwertung langzeitarbeitsloser Menschen. Auch Antisemitismus wird hier als soziales Vorurteil und Konstrukt *Gruppenbezogener Menschenfeindlichkeit* aufgeführt.

Hierbei geht es um die sozialwissenschaftliche Erforschung von Einstellungen in der Gesellschaft. Gefragt wird nach Zustimmung bzw. Ablehnung von Konstruktionen Gruppenbezogener Menschenfeindlichkeit in unterschiedlichen gesellschaftlichen Milieus. Dies ist ein wichtiger Beitrag, um die Verbreitung von Konstruktionen Gruppenbezogener Menschenfeindlichkeit nach Häufigkeit, Zunahme oder Abnahme erfassen zu können. Dieses Vorgehen stellt wichtige Aspekte von Antisemitismus heraus, erfasst jedoch das Phänomen Antisemitismus nicht vollständig.

Ebenso konnte die Leipziger Autoritarismus Studie (Decker/Brähler 2020) grundlegende Kennzeichen von Antisemitismus aufzeigen. Der dort verwendete Begriff ‚Ressentiment', im Duden (2020, 952) als „gefühlsmäßige Abneigung" definiert, stellt jedoch im Blick auf das Phänomen Antisemitismus eine Verkürzung dar.

2.3 Antisemitismus ist nicht mit Rassismus gleichzusetzen

Für die Bearbeitung diskriminierender Konstruktionen in Bildungsprozessen jedoch ist es wichtig, die jeweiligen Spezifika der Konstrukte klar herauszuarbeiten. Hier gilt es insbesondere, das Verhältnis der Konstrukte Rassismus und Antisemitismus zu klären, da dies in der politischen Bildungsarbeit bisher bereits ganz praktische Konsequenzen gezeitigt hat, die zu hinterfragen wären. Harig (2022, o. S.) kommentiert:

> „In der empirischen Einstellungsforschung wird die Verbreitung dieser verschiedenen Formen häufig gemeinsam untersucht. Doch das genaue Verhältnis der einzelnen Denkweisen Gruppenbezogener Menschenfeindlichkeit untereinander und zueinander ist immer wieder Ausgangspunkt für kontrovers geführte Debatten, insbesondere bei den Themen Rassismus und Antisemitismus."

Bei dieser Frage ist zu konstatieren, dass es zwischen dem Konstrukt des Rassismus und dem Konstrukt des Antisemitismus durchaus Überschneidungen gibt. Das Konstrukt Antisemitismus hat ab dem 19. Jahrhundert rassistische Vorurteile integriert. Das Judentum wurde auch noch zusätzlich als Rasse vorgestellt. Im Zuge dessen wurden die nun rassistisch Markierten zusätzlich noch als minderwertig betrachtet. Jedoch mit der Konstruktion des Rassismus als einem Oberbegriff ist Antisemitismus keineswegs ausreichend erfasst. Antisemitismus stellt keine Unterkategorie von Rassismus dar.

Einer der Hauptspezifika von Antisemitismus gegenüber allen Konstrukten der *Gruppenbezogenen Menschenfeindlichkeit* – also auch gegenüber dem Konstrukt des Rassismus – liegt in der eigenständigen Entwicklungsgeschichte des Antisemitismus.

„Antisemitismus ist eine bestimmte Wahrnehmung von Jüdinnen und Juden, die sich als Hass gegenüber Jüdinnen und Juden ausdrücken kann. Der Antisemitismus richtet sich in Wort oder Tat gegen jüdische oder nichtjüdische Einzelpersonen und/oder deren Eigentum sowie gegen jüdische Gemeindeinstitutionen oder religiöse Einrichtungen." So lautet die Arbeitsdefinition der International Holocaust Remembrance Alliance/Internationale Allianz zum Holocaustgedenken (2021), die mittlerweile von den EU-Staaten als Arbeitsgrundlage übernommen wurde. (Bundesverband RIAS 2020)

Wie konnte es dazu kommen, diese ‚bestimmte Wahrnehmung' auszuprägen? Es können folgende geschichtliche Knotenpunkte herausgestellt werden, in denen eine feindliche Einstellung gegenüber dem Judentum für diejenigen, die diese Einstellung jeweils entwickelten, eine wichtige Funktion einnahmen:

- Religiös motivierter Antijudaismus
- Moderner Antisemitismus
- Antisemitismus im NS
- Antisemitismus nach der Schoah
- Israelbezogener Antisemitismus/Anti-Israelismus

Diese geschichtlichen Knotenpunkte der Entwicklung einer feindseligen Haltung gegenüber dem Judentum sollen im Folgenden kurz skizziert werden.

2.4 Religiöser Antijudaismus

Als Grundform einer feindlichen Haltung gegenüber der jüdischen Religion lässt sich der religiöse Antijudaismus bestimmen, der sich aus konflikthaften

Abgrenzungsprozessen der frühen Christen gegenüber dem Judentum entwickelt hat. Neben vielen positiven Aussagen des Neuen Testaments gegenüber Jüdinnen und Juden finden sich dort auch Darstellungen, die nach heutigem Stand theologischer Forschung leider oft fehlinterpretiert wurden. So wird im Neuen Testament vom Jünger Judas berichtet, der sich gegen die neue Glaubensgemeinschaft stellte. Diese biblische Lehrgeschichte wendet sich eigentlich an Christen und fordert sie auf, an ihrem christlichen Glauben festzuhalten.

Im Mittelalter wird gerade diese Geschichte vom Jünger Judas immer weiter negativ ausgestaltet. ‚Judas' wird in nichtbiblischen Legenden zum ‚Verschwörer' und geldgierigen ‚Wucherer'. Die legendarische Judas-Figur, die ‚das Judentum' schlechthin zu repräsentieren glaubt, wird im Laufe der Geschichte zu einer ‚Phantasmagorie', zu einem ‚Trugbild', das keine Anhaltspunkte in der Wirklichkeit braucht. Die Phantasmagorie ‚weiß', dass ‚der Jude', egal ob Mann, Frau oder Kind, sich prinzipiell gegen das wendet und verschwört, was die Welt in ihrem Kern zusammenhält, gegen Gott und seine Vertretung auf Erden selber. Dabei wird die ‚Judasfigur' zum ‚inneren Feind' stilisiert. Gerade aus dem innersten Zirkel der Macht heraus, dem Kreis der Anhänger*innen um Jesus Christus, vermochte er ja angeblich im Geheimen seine vermeintlich zerstörerische Wirkung zu entfalten. Diese himmelstürzende ‚Verschwörung' muss erkannt, der ‚innere Feind' muss ausgesondert werden. Er soll sich selbst zerstören oder er muss vernichtet werden, bevor er ‚alles' vernichten kann. Die seit dem Mittelalter weiterfabulierte Judasgestalt wird zur Grundfigur, auf der seither weitere Weltverschwörungsphantasmagorien aufbauen. Aus diesem Grund beinhalten Weltverschwörungsphantasmagorien, die in der Geschichte seither entwickelt wurden und immer noch entwickelt werden, zumeist einen antisemitischen Kern. Der Begriff des Verschwörungsphantasmagorie gibt diesen Sachverhalt wohl am treffendsten wieder. Der Begriff der ‚Verschwörungstheorie' verkennt, dass Theoriebildung immer auf Wissenschaft beruht, die ihre Ergebnisse selbstreflexiv, methodenbezogen argumentativ darlegen kann. Dies trifft prinzipiell nicht auf Verschwörungsvorstellungen zu. Verschwörungsphantasmatiker*innen verfügen über keine wissenschaftliche Methodik, Zweifel und Selbstzweifel treiben sie nicht um. Auch der Begriff des ‚Verschwörungsmythos' erscheint weniger geeignet, das Phänomen von Verschwörungsvorstellungen zu beschreiben, da auf diese Weise der Begriff des ‚Mythos', der in Religionen durchaus positive Vorstellungen beinhalten kann, diskreditiert wird.

Ab dem ausgehenden Mittelalter wird der Figur des ‚Juden Judas' nun noch eine besondere Körperlichkeit zugeschrieben. Die antijudaistische Legende vom ‚Gottes- und Weltverschwörer Judas' erfährt eine Verbildlichung durch christliche Gemälde und wird u.a. über Passionsspiele weithin verbreitet. ‚Judas' wird nach damaligem Modegeschmack hässlich dargestellt, mit grotesk vergrößerter Nase, einer gebeugten Gestalt mit ungepflegtem Bart, gehüllt in einen Mantel, der in der Farbwahl eines grellen Gelbs, inneren Neid symbolkräftig nach außen hin sichtbar machen sollte. Oft trägt ein im Passionsspiel derart ausstaffierter ‚Judas' zudem noch einen dicken Geldbeutel zur Schau. Dieser Judas-Figur und somit jedem einzelnen ‚Juden', gleichgültig ob Mann, Frau oder Kind, wird die für damalige Zeit ‚unvorstellbar große' Macht zugeschrieben, Christus – und somit letztlich auch Gott selber – allerschwersten Schaden zufügen zu können. Wer über diese unheimliche Macht verfügt, dem sind auch andere Vergehen zuzutrauen wie ‚Brunnenvergiftung' und ‚Kindesmord'. (Kölsch-Bunzen 2022, 24–44)

Spuren des religiösen Antijudaismus findet sich auch in einigen Passagen im Koran bzw. in den Hadithen. Hadithe sind die nichtkoranischen Überlieferungen der Aussagen und Handlungen des Propheten Mohammed sowie die Aussagen und Handlungen Dritter, die als von Mohamed autorisiert betrachtet werden. (Kölsch-Bunzen 2022, 45–59)

Aus diesem religiösen oder quasireligiösen Untergrund, aus diesem Bildmaterial von einer welterschütternden ‚jüdischen Verschwörung' zieht die ‚bestimmte Wahrnehmung' von ‚Juden' seine zerstörerische Kraft.

2.5 Moderner Antisemitismus

Der Begriff ‚Antisemitismus' wurde in der zweiten Hälfte des 19. Jahrhunderts, in der beginnenden Moderne, geprägt von gesellschaftlichen Akteuren und Akteurinnen, die sich selbstbewusst ‚Antisemiten' nennen. Förderer des Antisemitismus waren keinesfalls sozial Benachteiligte, von der Gesellschaft Vernachlässigte, sondern entstammten mehrheitlich der ökonomisch aufstrebenden Mitte der damaligen Gesellschaft. Die selbsternannten Antisemiten und Antisemitinnen übernahmen Vorstellungen aus dem religiösen bzw. quasireligiösen verschwörungsphantasmagorischen Antijudaismus und fügen rassistische Vorstellungen hinzu. Jetzt werden ‚die Juden' nicht mehr nur als Angehörige einer Religion gesehen, sondern zusätzlich auch noch als ‚Rasse'. Der moderne Antisemitismus bleibt antijudaistisch und er wird außerdem noch rassistisch aufgeladen. Heute ist aus der Populationsgenetik bekannt, dass es keine ‚Menschenrassen' gibt (Cavalli-Sforza/Cavalli-Sforza 1996). Diese wissenschaftliche Erkenntnis lassen auch heutige Antisemiten und Antisemitinnen an sich abprallen. (Kölsch-Bunzen 2022, 86–93)

2.6 Antisemitismus im Nationalsozialismus

In der Zeit des Nationalsozialismus wird das in Antijudaismus und Antisemitismus angelegte destruktive Potential bewusst und massiv aktiviert. Im NS zeigt sich die Antijudaismus und Antisemitismus innewohnende, zerstörerische, in letzter Konsequenz auf ‚Vernichtung' abzielende spezifische Dynamik. Vernichtet werden sollte jeder einzelne Jude, jede einzelne Jüdin, jedes einzelne jüdische Kind aus einem einzigen Grund, weil sie jüdisch waren oder weil ihnen ‚das Jüdische' zugeschrieben wurde. Die sich kumulativ steigernden, antijudaistisch und antisemitisch motivierten Maßnahmen der Verfolgungs- und Vernichtungspolitik im Nationalsozialismus führten zur Ermordung von sechs Millionen Juden, unter diesen befanden sich anderthalb Millionen Kinder unter 14 Jahren. (Kölsch-Bunzen 2022, 107–130)

2.7 Antisemitismus nach der Schoah

Der ‚Post-Schoah-Antisemitismus' entwickelt sich nach 1945. Es handelt sich um eine Form von Antisemitismus, die Schuldabwehr und Holocaustleugnung bzw. Holocaustrelativierung betreibt. (Kölsch-Bunzen 2022, 131–138)

2.8 Israelbezogener Antisemitismus/Anti-Israelismus

Schließlich lässt sich noch eine weitere Form der ‚bestimmten Wahrnehmung' von ‚Juden' nachweisen: der ‚israelbezogene Antisemitismus' bzw. ‚Anti-Israelismus' (Kölsch-Bunzen 2022, 139–187). Israelbezogener Antisemitismus/Anti-Israelismus ist dadurch gekennzeichnet, dass der Staat Israel keine faire Bewertung erfährt. Schwarz-Friesel/Reinharz (2013) beziehen in ihre Untersuchungen Indikatoren, die die EUMEC/European Monitoring Centre on Rassism and Xenophobia im Blick auf Anti-Israelismus vorgelegt hat, mit ein:

> „1. Wenn Israel sein Existenzrecht und/oder das Recht auf Selbstverteidigung abgesprochen wird. 2. Wenn an Israel im Vergleich zu anderen Ländern ein doppelter Standard angelegt wird. 3. Wenn mittels antisemitischer Floskeln, Symbole oder Bilder auf Israel oder Israelis referiert wird. 4. Wenn die israelische Politik oder Israelis mit dem Nationalsozialismus bzw. Personen aus dieser Zeit gleichgesetzt werden. 5. Wenn Juden weltweit für die Politik Israels verantwortlich gemacht werden." (204)

2.9 Grundstruktur aller Formen von Antisemitismus

Unterschiedliche geschichtliche Konstellationen, in denen der religiös motovierte Antijudaismus und andere Formen von Antisemitismus ausgeprägt wurden, haben jeweils unterschiedliche Vorstellungen und Bilder davon, was ‚der Jude' sein soll, hervorgebracht. Diese Vorstellungen und Bilder haben sich zu Vorstellungen und Sprachfloskeln verdichtet, die zu Traditionsbeständen wurden. Diese Traditionsbestände wiederum werden erneut aufgegriffen und mit aktuellen Bezügen ausgestattet. Wenn man dem Antisemitismus in Bildungsprozessen also wirksam etwas entgegensetzen will, muss man aufklären über die geschichtliche Herkunft und Funktion dieser antisemitischen Klischees und Sprachfloskeln.

Ein weiteres Spezifikum des Antisemitismus, wie er sich aktuell zeigt, ist, dass in den antisemitischen Vorstellungen und Sprachfloskeln eine Feindbildkonstruktion eingelassen ist, welche ‚den Juden' zum ‚Bösen schlechthin' stilisiert.

Hierbei ist es ganz gleichgültig, wie jüdische Menschen konkret auftreten und ihr Leben führen. Antisemitismus bedarf eines konkreten jüdischen Gegenübers nicht. Antisemitismus funktioniert im Gegenteil sogar weitaus besser ohne reale Kenntnis zu Judentum und jüdischen Menschen in all ihrer Vielfalt. Bereits Sartre (2017, 14) hat kurz nach 1945 auf diesen wichtigen Aspekt hingewiesen, indem er anmerkt: „die *Idee vom Juden* erscheint als das Wesentliche." Sartre verdeutlicht, dass es sich beim Antisemitismus nicht um ein Vorurteil handelt.

Das Wesen des Vorurteils wäre, dass ein Sachverhalt irgendeinen Anhalt in der Wirklichkeit hätte, der dann fälschlicherweise verallgemeinert werden könnte. Nach Sartre (2017) muss der Antisemitismus hingegen von seiner Grundstruktur her jeglichen Bezug zur Realität geradezu ablehnen:

> „Es leuchtet ein, daß der Antisemitismus des Antisemiten von keinem äußeren Faktor herstammt. Der Antisemitismus ist eine freie und totale Wahl, eine umfassende Haltung, die man nicht nur den Juden, sondern den Menschen im Allgemeinen, der Geschichte und der Gesellschaft gegenüber einnimmt; er ist zugleich eine Leidenschaft und eine Weltanschauung." (14)

Genau hierin liegt die Gefahr des Antisemitismus für jede Gesellschaft. Einzelne antisemitische Floskeln mögen unbedacht geäußert werden. Oft wird dann hinzugefügt, dass sie ‚spaßig' gemeint sind, dass man auch gar nichts gegen ‚Juden' habe, dass man sogar mit ‚Juden' befreundet sei, dass man gegenüber Antisemitismus ahnungs- und vor allen Dingen gänzlich leidenschaftslos sei. Vielmehr soll feststehen: Man ist kein Antisemit, keine Antisemitin. Das Besondere und insofern auch Hochproblematische am Antisemitismus ist jedoch, dass sich antisemitische Floskeln zu einer Weltanschauung zusammenfügen, die ‚den Juden' als das menschlich, gesellschaftlich, geschichtlich ‚Böse schlechthin' imaginiert. Insofern fordert die Weltanschauung des Antisemitismus notwendig von dieser Grundeinstellung zur Welt her doch Leidenschaft. Je mehr antisemitische Konstruktionsmodule man bereit ist zu akzeptieren, desto deutlicher formt sich die Weltanschauung aus. Je umfassender die antisemitische Weltanschauung ist, desto stärker wird die Notwendigkeit gedacht und gefühlt, ‚das Böse' radikal zu bekämpfen und gänzlich aus der Welt antisemitisch Denkender und Fühlender zu entfernen.

Das bedeutet: Der Antisemitismus als Weltanschauung ist in seiner Grundstruktur auf Vernichtung hin ausgerichtet.

2.10 Das Ziel des Antisemitismus ist die Vernichtung ‚des Jüdischen'

Auf diesen Sachverhalt hat Postone (1982, 14) hingewiesen:

„Was ist die Besonderheit des Holocaust und des modernen Antisemitismus? Dies ist sicherlich keine Frage der Quantität, sei es der Zahl der Menschen, die ermordet worden sind, noch des Ausmaßes ihres Leidens. Es gibt zu viele historische Beispiele für Massenmord und Genozid. … Die Frage zielt vielmehr auf die *qualitative Besonderheit.* Bestimmte Aspekte der Vernichtung des europäischen Judentums bleiben so lange unerklärlich, wie der Antisemitismus als bloßes Beispiel für Vorurteil, Fremdenhaß und Rassismus allgemein behandelt wird, als Beispiel für Sündenbockstrategien, deren Opfer auch sehr gut Mitglieder irgendeiner anderen Gruppe hätten gewesen sein können.

… Der Holocaust hatte keine funktionelle Bedeutung. Die Vernichtung der Juden war kein Mittel zu einem anderen Zweck. Sie wurden nicht aus militärischen Gründen ausgerottet oder um gewaltsam Land zu nehmen (wie bei den amerikanischen Indianern); es ging auch nicht um die Auslöschung der potentiellen Widerstandskämpfer unter den Juden, mit dem Ziel, den Rest als Heloten besser ausbeuten zu können (dies war übrigens die Politik der Nazis den Polen und Russen gegenüber). Es gab auch kein ‚äußeres' Ziel. *Die Vernichtung der Juden mußte nicht nur total sein, sondern war sich selbst Zweck – Vernichtung um der Vernichtung willen –, ein Zweck, der absolute Priorität beanspruchte.*“

Und Postone (1988, 243) präzisiert:

„Die Ausrottung der Juden mußte nicht nur total sein, sondern war sich selbst Zweck – Ausrottung um der Ausrottung Willen – ein Zweck, der absolute Priorität beanspruchte. Eine funktionalistische Erklärung des Massenmordes und eine Sündenbock-Theorie des Antisemitismus können nicht einmal im Ansatz erklären, warum in den letzten Kriegsjahren, als die deutsche Wehrmacht von der Roten Armee überrollt wurde, ein bedeutender Teil des Schienenverkehrs für den Transport der Juden zu den Gaskammern benutzt wurde und nicht für logistische Unterstützung des Heeres."

Postone sieht dieses eliminatorische Denken bereits im christlichen Antijudaismus angelegt: „Ein manichäisches Denken; die Juden spielen darin die Rolle der Kinder der Finsternis." (Postone 1982, 15) Dieses Denken, das die Welt in Gut und Böse aufspaltet, schreibt den Juden die Macht des Bösen schlechthin zu. Dieser Gedanke wird in der Moderne aufgegriffen, so Postone:

„Die den Juden antisemitisch zugeschriebene Macht wird nicht nur als größer, sondern auch im Unterschied zur rassistischen Vorstellung über die potentielle Macht der ‚Untermenschen', als wirklich angesehen. Seine qualitative Andersartigkeit im modernen Antisemitismus wird mit Attributen wie *mysteriöse Unfaßbarkeit, Abstraktheit und Allgemeinheit* umschrieben." (Postone 1982, 15)

Nach Postone (1982, 20) kann in der Moderne der Kapitalismus als dualistisch aufgespalten betrachtet werden in eine vermeintlich ‚gute konkrete Seite' und eine vermeintlich ‚böse abstrakte Seite'. Zur ‚guten Seite' zählen Handwerk und konkrete industrielle Fertigung. Demgegenüber gestellt wird die vermeintlich ‚böse Seite' des Finanzkapitals: „So kann das industrielle Kapital als direkter Nachfolger ‚natürlicher' handwerklicher Arbeit auftraten und im Gegensatz zum ‚parasitären' Finanzkapital, als ‚organisch verwurzelt'. Seine Organisation scheint der Zunft verwandt zu sein; der gesellschaftliche Zusammenhang, in dem sie sich befindet, wird als eine übergeordnete Einheit gefaßt: Gemeinschaft, Volk, Rasse."

Bleiben kapitalistische Verhältnisse unverstanden, so Postone (1982), dann werden abstrakte, analytisch ungenügend theoretisch reflektierte und politisch deregulierte Finanzgeldströme zur Wurzel allen Übels. Postone erläutert, warum es kein Zufall war, dass die Vorstellung von einer Aufspaltung zwischen einem ‚guten' und ‚schlechten' Kapitalismus gerade mit Antisemitismus eng verknüpft wurde. Einerseits war die Assoziation von ‚Juden und Geld' tief im antisemitischen Repertoire verankert. Ferner waren insbesondere in Deutschland seit 1871 zeitgleich zwei Entwicklungen auszumachen, die zusammenfielen ohne direkt miteinander zu tun zu haben: die industrielle Revolution und die Emanzipation jüdischer Menschen, die gleichberechtigte Staatsbürger*innen wurden.

Postone (1982, 23) zieht eine Parallele zwischen der Vorstellung von abstrakten Finanzen gegenüber konkreter Ware und der Vorstellung einer Person mit vermeintlich kalter politischer Staatsbürgerschaft gegenüber einer sogenannten nahen und warmen, in das soziale Umfeld eingebetteten Privat-Person. Postone argumentiert nun:

> „In Europa war jedoch die Vorstellung von der Nation als einem rein politischen Wesen, abstrahiert aus der Substantialität der bürgerlichen Gesellschaft, nie vollständig verwirklicht. Die Nation war nicht nur eine politische Entität, sie war konkret, durch gemeinsame Sprache, Geschichte, Traditionen und Religion bestimmt. In diesem Sinne erfüllten die Juden in Verfolg ihrer politischen Emanzipation in Europa als einzige Gruppe die Bestimmung von Staatsbürgerschaft als rein politischer Abstraktion. … Diese Realität der Abstraktheit, die nicht nur die Wertdimension in ihrer Unmittelbarkeit kennzeichnet, sondern auch mittelbar den bürgerlichen Staat und das Recht, wurde genau mit den Juden identifiziert. In einer Periode, in der das Konkrete gegenüber dem Abstrakten, dem ‚Kapitalismus' und dem bürgerlichen Staat verklärt wurde, entstand daraus eine fatale Verbindung: Die Juden wurden als wurzellos, international und abstrakt angesehen."

Im modernen Antisemitismus sieht Postone (1982, 24) ein besonders hohes Gefahrenpotential:

> „Seine Macht und Gefahr liegen darin, daß er eine umfassende Weltanschauung liefert, die verschiedene Arten antikapitalistischer Unzufriedenheit scheinbar erklärt und ihnen politischen Ausdruck verleiht. Er läßt den Kapitalismus aber dahingehend bestehen, als er nur die Personifizierung jener gesellschaftlichen Form angreift. Ein so verstandener Antisemitismus ermöglicht es, ein wesentliches Moment des Nazismus als verkürzten Antikapitalismus zu verstehen. Für ihn ist der Haß auf das Abstrakte charakteristisch. Seine Hypostasierung des existierenden Konkreten mündet in einer einmütigen, grausamen – aber nicht notwendig haßerfüllten Mission: der Erlösung der Welt von der Quelle allen Übels in Gestalt der Juden."

Die antisemitische Weltanschauung verunmöglicht jegliche rationale Analyse gesellschaftlicher Verhältnisse.

Einzelne antisemitische Vorstellungen setzen sich zu einer umfassenden

Weltanschauung zusammen. Schwarz-Friesel/Reinharz (2013, 108) stellen genau diesen Aspekt zurecht als einzigartig heraus: „Das auf tradierten Konzeptionalisierungen und Ressentiments basierende Weltdeutungssystem der Judenfeindschaft … richtet sich prinzipiell gegen die Existenz von Juden und ist als solche unikal."

Nur wenn man die Spezifik des Antisemitismus erkennt, die einerseits in der spezifischen Entstehungsgeschichte und andererseits in der Zielstellung einer Vernichtung ‚des Jüdischen' liegt, kann eine gehaltvolle Bildungsarbeit gelingen.

2.11 Das Schimpfwort ‚Jude' ist nicht harmlos

Schwarz-Friesel (2019, 109f.) hat „Judenhass im Internet" analysiert. Hier hat sie sich auch mit dem Schimpfwort ‚Jude' auseinandergesetzt. Sie versteht Judenfeindschaft als eine Abfolge konkreter historischer Prozesse:

„Judenfeindschaft ist keine Kategorie des menschlichen Geistes, die im luftleeren Raum der Phantasie oder aus existenzieller Angst des Menschen vor sich selbst entstanden ist, sondern als Ergebnis eines zunächst religiösen Abgrenzungs-, dann eines kulturhistorischen Prozesses, der nur Juden und keineswegs alle Menschen zum Gegenpol, zum Bösen, zum Hassobjekt machte. Dass das Konzept von Juden dabei nicht in der Realität verankert ist, ist allerdings spezifisch: Antisemiten denken völlig abstrakt, denn ihre Orientierungs- und Referenzpunkte liegen nicht in der realen Welt, sondern im mentalen Glaubens- und Weltdeutungssystem. Dessen Kategorien sind Abstrakta ohne Realitätsbezug."

Vor diesem Hintergrund lässt sich auch die Funktion des Schimpfwortes ‚Jude' einordnen. Schwarz-Friesel (2019, 10) führt hierzu aus:

„JUDE ist ein Abstraktum, da es sich in keiner Weise auf tatsächliche Juden bezieht, sondern auf ein kategoriales Konstrukt, eine geistige Phantasieidentität. … Daher wird das Wort *Jude* auch in so vielen Kontexten als Schimpfwort benutzt, oft von jungen Menschen, die seine Bedeutung als referenzielles Appellativum (mit der Bedeutung ‚Mitglied der jüdischen Religionsgemeinschaft') gar nicht kennen. Jude hat aufgrund seiner Abstraktheit im Kommunikationsraum eine große Reichweite für Benennungen, die Schimpfwortcharakter haben. … Im Web 2.0 ist Jude ein Quasi-Synonym für ‚schlechte, böse Menschen'. Deshalb ist das Wort auch in zahlreichen negativ argumentierenden Texten als diskreditierender Ausruf zu finden: *Jude! Juden. Ihres Juden…*"

Jede und jeder, der das Schimpfwort ‚Jude' verwendet, bewegt sich, dies sollte deutlich geworden sein, in einem hochproblematischen Diskursfeld. Lehrkräfte, Schulsozialarbeiter*innen, die abwinken, wenn diese Form der Beschimpfung und andere Formen von Antisemitismus auf dem Schulhof verwendet werden, werden von den Schülern und Schülerinnen so verstanden, als sei kein Problem vorhanden. Auch wenn Grundschüler*innen sich auf diese Weise äußern oder Kinder einer Kindertageseinrichtung, kommt ein Versuch der Erwachsenen, nicht zu handeln und abzuwiegeln, als Bestätigung an, dieses Schimpfwort benutzen zu dürfen.

Insbesondere bei Grundschüler*innen und Kindern unter 6 Jahren wird man kein voll ausgeprägtes antisemitisches Weltbild erwarten. Auch sind die Kinder nicht als ‚Täter' und ‚Täterinnen' zu betrachten. Diese Beschimpfung wird gerade bei kleineren Kindern eher ‚spielerisch' eingebracht. Ein konkreter Bezug zu jüdischen Menschen muss nicht gegeben sein. Kein jüdisches Kind muss die Kindertageseinrichtung besuchen, damit diese Beschimpfung als antisemitisch gelten kann. Auch konkrete Wut auf ein anderes Kind, das als ‚Jude' gelabelt wird, muss nicht vorliegen. Es ist nicht ausgeschlossen, dass bereits kurze Zeit später beide friedlich miteinander weiterspielen.

Und dennoch: Das ‚Spiel' mit antisemitischen Floskeln und Vorstellungen ist alles andere als ein ‚Kinderspiel'. Ohne Widerspruch seitens der pädagogischen Fachkräfte wirkt es bestärkend. Besteht der Widerspruch Erwachsener lediglich darin, dass ein Verbot zum Ausdruck gebracht wird, bestimmte ‚Worte' nicht zu sagen, wirkt auch dies eher bestärkend. Das Kind erfährt, dass es Erwachsene in Verlegenheit und sogar in Handlungsunsicherheit bringen kann mit einer besonderen Klasse von Schimpfworten. Das Kind wird daraus schlussfolgern, dass es hier einer wichtigen Regel aus der Welt der Erwachsenen auf die Spur gekommen ist. In beiden Fällen wird dem Kind ein Lernhindernis aufgebürdet. Antisemitische Floskeln und Vorstellungen funktionieren als Abstrakta, d. h. sie machen gerade für kleine Kinder, die auf konkrete Anschauung angewiesen sind und auch noch über kein gefestigtes Weltbild verfügen, als Begriffe keinen Sinn. Unverstanden kommunikativ eingesetzt erzeugen sie für Kinder möglicherweise interessante Effekte, indem Erwachsene unsicher reagieren oder sich sichtlich bemühen, wegzuhören. Die Kinder erfahren, das Wort ‚Jude' zu hören, mag vielleicht eher unerwünscht sein, aber es funktioniert ‚irgendwie' als Provokation oder Schimpfwort. Diese Erfahrung lädt das Wort ‚Jude' negativ auf. Hier wird die Tür zum Antisemitismus geöffnet, und zwar in Abwesenheit jüdischer Menschen, ohne antisemitisch eingestellte Kinder, jedoch mit Erwachsenen, die mit dieser Situation noch nicht angemessen umgehen können.

Das Schimpfwort ‚Jude' ebenso wie andere antisemitische Vorstellungen und Bilder nehmen die Abneigung, die in diesen antisemitischen Begriffen steckt, auf, ohne dass die Kinder, die sie versuchsweise nutzen, sie mit eigener Anschauung abgleichen können. Schwarz-Friesel/Reinharz (2013, 295) verweisen auf Ergebnisse ihrer Auswertung von Zuschriften Erwachsener an den Zentralrat der Juden in Deutschland:

> „Für viele Menschen mit erkennbarer antisemitischer Einstellung ist das Lexem *Jude* nicht ein Konkretum, sondern ein Abstraktum: Dadurch ist es möglich, alles Negative auf dieses Konzept zu projizieren, ohne in Konflikt mit der anders gearteten Realität zu kommen. Die Abneigung gilt einem mentalen Konstrukt, keinem realen Objekt."

Wenn sich antisemitisches Denken und Fühlen im Erwachsenenalter verfestigt hat, führt es zu logischen Zirkelschlüssen, gegen die Realität nur sehr schwer vorzudringen vermag. Der Satz eines erbosten Antisemiten an den Zentralrat der Juden in Deutschland, den Schwarz-Friesel/Reinharz (2013, 295) zitieren, zeigt, wie diese Form des Zirkelschlusses funktioniert: „ich hab noch nie mit Juden zu tun gehabt, aber aus irgendeinem Grund mag ich euch nicht." Hier hat sich Antisemitismus verfestigt.

Insofern ist es wichtig, dass Prävention gegen Antisemitismus früh beginnt. Sie darf jedoch nie zu einer ‚Pädagogik des Verdachts' führen. Die Prävention von Antisemitismus ist nur glaubwürdig, wenn sie eingebettet ist in eine Bildungsinstitution, die sich als menschenrechtsorientiert und demokratisch versteht. Diese Bildungsinstitution wendet sich gegen jegliche Form von Diskriminierung. Sie erweist sich als kultur- und religionssensibel.

3. Die Kindertageseinrichtung als Ort menschenrechtsorientierter demokratischer Bildung

3.1 Bildung in menschenrechtlicher Perspektive

Bildung ist mehr als Lernen: Beim Lernen lässt sich eine „Veränderung der Stärke der synaptischen Verbindungen zwischen Nervenzellen" nachweisen (Spitzer 2007, 94). Ob das Lernen Freude macht, ob es aus freiem Willen heraus geschieht oder erzwungen wird, ist damit jedoch noch nicht entschieden. Der Bildungsbegriff geht weit über einen reinen Lernbegriff hinaus.

Die Kindheitspädagogik geht vom kompetenten Kind aus, welches sich aktiv die Welt aneignet (vgl. Dornes 1993). Diese Aneignung von Welt wird, so Liegle (2006, 94), als Bildung verstanden, „durch welche sich das Subjekt in ein Verhältnis setzt zur Welt der Dinge und Personen und so zu einer inneren Repräsentation der Welt und seines Verhältnisses zur Welt gelangt." Liegle bezieht sich hier auf Humboldt. Auch Humboldt (1967, 22) fasst Bildung als geistige Selbsttätigkeit auf. In seinem Bildungsbegriff ist der Aspekt der Freiheit in der Auseinandersetzung mit vielfältigen Lerngegebenheiten unverzichtbar:

> „Der wahre Zweck des Menschen … ist die höchste und proportionierlichste Bildung seiner Kräfte zu einem Ganzen. Zu dieser Bildung ist Freiheit die erste und unerläßliche Bedingung. Allein außer der Freiheit erfordert die Entwicklung der menschlichen Kräfte noch etwas anderes, obgleich mit der Freiheit eng Verbundenes: Mannigfaltigkeit der Situationen."

Wenn wir Humboldts Denken hier für uns fruchtbar machen wollen, dann ginge es darum, vielfältige Bildungssituationen bewusst wahrzunehmen oder auch aufzusuchen und sich mit ihnen in Freiheit auseinanderzusetzen.

Ein Kennzeichen von Bildung ist, dass es dort gelingen kann, durch Kontakt zu einem Gegenstand – als Repräsentant von Welt – eine Wechselwirkung entstehen zu lassen zwischen der Empfänglichkeit von Lernenden und deren Selbsttätigkeit. Bei Humboldt (1903, 285) liest sich das so:

„Was also der Mensch nothwendig braucht, ist bloss ein Gegenstand, der die Wechselwirkung seiner Empfänglichkeit mit seiner Selbstthätigkeit möglich mache. Allein wenn dieser Gegenstand genügen soll, sein ganzes Wesen in seiner vollen Stärke und seiner Einheit zu beschäftigen; so muss er der Gegenstand schlechthin, die Welt seyn".

Bildung bedarf, um Humboldt für unsere Zeit auszulegen, der Lerngegenstände, in die relevante, bedeutsame Aspekte von Welt eingelassen sind, als Vorbedingung, damit eine Wechselwirkung entstehen kann einerseits zwischen der Empfänglichkeit Lernender, d. h. ihrer entwicklungspsychologischen Fähigkeiten sowie ihrer sozialen Bedarfe, und andererseits von deren sich zunehmend weiterentwickelnden und ausdifferenzierenden Handlungsfähigkeit.

Wird dies ermöglicht, so konnte ein geglückter Augenblick erlebt und als gelungener Bildungsmoment beschrieben werden. Der Mensch müsse, so Humboldt (1903), sich immer wieder fremd fühlen in der Welt, weil sie ihm oft unverständlich erscheint. Jedoch, wenn es dem Menschen gelänge, als Lernender auf die Welt zuzugehen und zu versuchen, mehr über sie in Erfahrung zu bringen, dann seien die Voraussetzungen gegeben, dass das Fremdheitsgefühl gegenüber der Welt immer wieder durchbrochen werden kann. So entstehe eine „Verknüpfung unseres Ichs mit der Welt zu der allgemeinsten, regesten und freiesten Wechselwirkung" (Humboldt 1903, 282).

Wenn Kinder anhand relevanter/welthaltiger Gegenstände Neues und Unbekanntes kennenlernen, mit anderen darüber nachdenken und ihre Handlungsfähigkeit erproben, entwickeln sich neue Perspektiven und Erfahrungen – Bildung ereignet sich und die neu wahrgenommene Welt wirkt bereichernd auf die Lernenden zurück.

Nach Humboldt gehört zu gelingender Bildung außerdem auch, dass der Mensch bereit ist, die Bereicherung, die ihn die Welt erfahren ließ, auch wiederum an die Welt zurückzugeben. Humboldt spricht – in der Sprache seiner Zeit – davon, „dass der Begriff der Menschheit einen grossen und würdigen Gehalt gewönne" (1903, 284). Aus heutiger Sich kann man sagen, dass die Menschheit sich diesen ‚grossen und würdigen Gehalt' u. a. in Form der Menschenrechte gegeben hat, die in einem demokratischen Prozess kontinuierlich weiterentwickelt werden und mittlerweile weltweit eine ethische Orientierung bieten.

Zur Bildung gehört also eindeutig mehr als ein Vielwissen. Zur Bildung von Anfang an gehört grundlegen hinzu, dass sie demokratisch ausgerichtet und an Menschenrechten orientiert ist. So fordert Klafki einen demokratischen Bildungsbegriff: „Bildung muß m. E. heute als selbsttätig erarbeiteter und personal verantworteter Zusammenhang dreier Grundfähigkeiten verstanden werden: als Fähigkeit zur Selbstbestimmung, als Mitbestimmungsfähigkeit, als Solidaritätsfähigkeit“ (Klafki 2007, 52).

Eine geglückte, demokratische Bildungserfahrung im vollumfänglichen Sinne liegt erst vor, wenn diese drei Testfragen bejaht werden können:

1. Hat das Bildungsangebot für das Kind und für seine Lebenswelt eine hohe Bedeutung? (Relevanz)
2. Kann das Kind sich frei mit einem gehaltvollen/welthaltigen Bildungsangebot auseinandersetzen? (Freiheit)
3. Fördert das Bildungsangebot die Demokratiefähigkeit des Kindes zu:
   - Selbstbestimmung,
   - Mitbestimmung und
   - Solidarität?

Einen Nachhall der Bildungsvorstellung Humboldts lässt sich noch in der UN-Kinderrechtskonvention (1989) ausmachen, in der das Recht des Kindes auf Bildung in Artikel 28 anerkannt und in Artikel 29 eine umfassende Entfaltung der Persönlichkeit eines jeden Kindes als Bildungsziel proklamiert wird. Und: Ausdrücklich wird in der UN-KRK der Bildungsbegriff demokratisch fundiert. Kinder sollen ein verbrieftes Anrecht darauf haben, dass Bildung den Menschenrechten in ihren freiheitlichen, kulturellen und sozialen Dimensionen verpflichtet ist:

Artikel 29, UN-Kinderrechtskonvention

(1) Die Vertragsstaaten stimmen darin überein, dass die Bildung des Kindes darauf gerichtet sein muss,
   a) die Persönlichkeit, die Begabung und die geistigen und körperlichen Fähigkeiten des Kindes voll zur Entfaltung zu bringen;
   b) dem Kind Achtung vor den Menschenrechten und Grundfreiheiten und den in der Charta der Vereinten Nationen verankerten Grundsätzen zu vermitteln;
   c) dem Kind Achtung vor seinen Eltern, seiner kulturellen Identität, seiner Sprache und seinen kulturellen Werten, den nationalen Werten des Landes, in dem es lebt, und gegebenenfalls des Landes, aus dem es stammt, sowie vor anderen Kulturen als der eigenen zu vermitteln;
   d) das Kind auf ein verantwortungsbewusstes Leben in einer freien Gesellschaft im Geist der Verständigung, des Friedens, der Toleranz, der

Gleichberechtigung der Geschlechter und der Freundschaft zwischen allen Völkern und ethnischen, nationalen und religiösen Gruppen sowie zu Ureinwohnern vorzubereiten;

e) dem Kind Achtung vor der natürlichen Umwelt zu vermitteln.

3.2 Demokratiebildung von Anfang an

Die UN-Kinderrechtskonvention stärkt die Rechte von Kindern uneingeschränkt bereits ab Geburt bis zur Volljährigkeit. Allen Kindern wird von Anfang an zugetraut, dass sie eine aktive Rolle in menschenrechtlich fundierten, demokratischen Bildungsprozessen einnehmen können. Hierbei wird von einem Kind ausgegangen, das über „evolving capacities" (Artikel 5 u. Artikel 14), über ‚Fähigkeiten, sich weiterzuentwickeln', verfügt.

Nach Oskar Negt (2016, 520) bedarf Demokratie der Bildung:

> „Demokratie ist die einzige staatlich verfasste Gesellschaftsordnung, die in ständig erneuerter Kraftanstrengung gelernt werden muss; eine solche politische Verfassung der Gesellschaft ist auf Dauer nur haltbar, wenn die im Wesenskern einer solchen Ordnung enthaltene Idee der tendenziellen Überwindung nicht-legitimer Ungleichheit, der ‚Herrschaft der Menschen über Menschen', für eine Bevölkerung Überzeugungskraft behält."

Alle anderen nichtdemokratischen Gesellschaftsformen fordern hingegen lediglich Anpassung.

Eine deliberative, d. h. Argumente abwägende Demokratie ist, so Jürgen Habermas (2019), ein anspruchsvolles Unternehmen. Anpassung liegt ihr fern. Vielmehr geht es darum, einen fairen Austausch von Gründen zur Lösung einer Problemkonstellation zu organisieren. Hierzu sollen sich möglichst alle von einer anstehenden Entscheidung Betroffenen einbringen können. Eine Entscheidung gilt dann als demokratisch gerechtfertigt, wenn es gelungen ist, zu rational nachvollziehbaren, für alle Beteiligten gut tragbaren Ergebnissen zu gelangen. Dabei können sich auch anfänglich geäußerte Ansichten im Verlauf des Austausches ändern. Habermas formuliert präzise das Anliegen deliberativer demokratischer Prozesse:

> „Die empirische Bezugsgröße des deliberativen Modells ist in erster Linie ein demokratischer Prozess, dem aufgrund bestimmter Verfahrenseigenschaften eine legitimi-

tätserzeugende Kraft zugeschrieben wird. Die demokratische Meinungs- und Willensbildung muss, wenn sie legitime Entscheidungen generieren soll, so verfasst sein, dass die Unterstellung der gleichmäßigen Inklusion eines jeden möglicherweise Betroffenen und die Aussicht auf vernünftige Ergebnisse (auch aufgrund rational motivierter Änderungen von Präferenzen) begründet sind." (ebd., 147)

Habermas (2019, 149) räumt ein: „Gewiss, Argumentationen sind ziemlich anspruchsvolle Formen der Kommunikation." Allerdings kann Habermas (2019) auch deren Alltagsnähe aufweisen. Schließlich sind Argumente ja auch immer auch Teil von Alltagskommunikation. Insofern gehen, so Habermas, Argumente „aus den täglichen Routinen des Gebens und Nehmens von Gründen hervor. Im Verlauf der kommunikativen Alltagspraxis bewegen sich die Akteure *immer schon* in einem ‚Raum der Gründe'." (149)

Habermas verankert das Modell deliberativer Demokratie in der menschlichen Fähigkeit zur Kommunikation, die auf Verständigung angelegt ist. Diese Vorstellung wird gestützt durch die Untersuchungen von Tomasello (2009, 17) zum Kommunikationsverhalten von kleinen Kindern und Primaten: „Menschliche Kommunikation ist … ein grundlegend kooperatives Unternehmen, das am natürlichsten und reibungslosesten im Kontext eines wechselseitig vorausgesetzten, gemeinsamen begrifflichen Hintergrunds (1) und wechselseitig vorausgesetzter, kooperativer Kommunikationsmotive (2) funktioniert." Tomasello (2009, 17 f.) geht von spezifisch menschlichen Kooperationsformen aus, die sich hinsichtlich der Strukturen und Motive von Kooperationen im Tierreich abhebt. „Insbesondere wird die menschliche Kooperation durch etwas strukturiert, das einige zeitgenössische Handlungstheoretiker ‚geteilte Intentionalität' oder ‚Wir-Intentionalität' nennen. … Die Kompetenzen und Motivationen geteilter Intentionalität machen somit das aus, was wir die ‚kooperative Infrastruktur der menschlichen Kommunikation' nennen können." Nach Tomasello (2009, 50 ff.) ist menschliche Kommunikation von Beginn an auf Verständigung angelegt. Dies wird schon in der Gestik von Primaten und Kleinkindern deutlich. Zeigegesten der Primaten, so Tomasello (ebd.), funktionieren zwar auch kommunikativ, sie bleiben jedoch auf dem Level des Imperativen, Fordernden. Beim hochkommunikativen Kleinkind jedoch sind Gesten früh darüber hinaus auch deklarativ in dem Sinne, dass anderen mitgeteilt wird, dass es sich für etwas interessiert und sie sind informativ in dem Sinne, dass sie andere über etwas informieren, was auch den anderen interessieren könnte. Bereits in den Zeigegesten erweist sich die Fähigkeit des Kindes zu Verständigung und Kooperation.

Somit öffnet sich bereits die nonverbale Kommunikation von Kleinkindern dem auf Verständigung abzielenden deliberativen Demokratiemodell. Und auch die Vorformen der Zeigegestik, durch die Säuglinge ihr Wohlbefinden oder ihr Nicht-Wohlbefinden zum Ausdruck bringen, werden von Eltern, Betreuungspersonen und pädagogischen Fachkräften als Kommunikation verstanden. Bereits hier setzen von Seiten der Erwachsenen sinnvollerweise Verständigungs- und Aushandlungsprozesse ein.

3.3 Demokratische Anerkennung als Erfahrung

Pädagogische Fachkräfte ermöglichen Aushandlungsprozesse in Kindertageseinrichtungen, indem sie eine grundlegende Haltung der Anerkennung einnehmen gegenüber den Kindern, denen die Menschenwürde vollumfänglich zukommt. Denn damit Sprache der Verständigung dienen kann, ist eine wechselseitige Anerkennung unabdingbar. Der Sozialphilosoph Honneth (1994, 211) unterscheidet drei gesellschaftliche „Sphären der Anerkennung“:

- die emotionale Zuwendung im Bereich der persönlichen, familiären, freundschaftlichen Beziehungen,
- die kognitive Achtung im Bereich in rechtlich geregelten Beziehungen sowie
- die soziale Wertschätzung im Bereich der wirtschaftlich-leistungsbezogenen Beziehungen.

Prengel (2019) als Erziehungswissenschaftlerin überträgt Honneths theoretische Vorgaben zum Thema Anerkennung auf pädagogische Beziehungen in Bildungsinstitutionen der Elementarpädagogik und der Schulen. Im Bildungsbereich lässt sich, so Prengel, Anerkennung aufweisen, wenn pädagogische Fachkräfte in Bildungsinstitutionen eine Haltung der Anerkennung einnehmen, die gekennzeichnet ist durch:

- Solidarität,
- Achtung von altersgerechter gleicher Freiheit Lernender sowie
- Wertschätzung ihrer individuellen Leistung.

Die Solidarität bezieht sich auf den Bereich der emotionalen Zuwendung in einer professionell gestalteten Beziehung in Bildungsprozessen zwischen einer pädagogischen Fachkraft und Lernenden. Die Achtung von altersgerechter gleicher Freiheit Lernender bezieht sich auf die rechtlichen Regelungen, die in einer demokratischen Bildungseinrichtung beachtet werden. Die Wertschätzung bezieht sich auf die Leistungsebene, wobei die individuelle Leistung als Abgleich zwischen Leistungsvermögen und Leistungserbringung im Vordergrund stehen soll und nicht primär ein Leistungsvergleich.

Diese Haltung der Anerkennung, die pädagogische Fachkräfte einnehmen, unterstützt in Bildungsinstitutionen insgesamt ein Klima der Anerkennung. Prengel untersucht gemeinsam mit Lehramts-Studierenden insbesondere die Kommunikation in Schulen. Hierbei werden kurze Kommunikationseinheiten aus dem schulischen Alltag im Wortlaut protokolliert. Anhand dieser Kommunikationseinheiten lässt sich ganz konkret der Grad der Anerkennung, der Nicht-Anerkennung bzw. auch der Verletzung, welche die Lehrkraft gegenüber Lernenden ausübt, bestimmen.

Hierzu zwei Beispiele aus dem Grundschulbereich im Anfangsunterricht (Prengel 2019). Von einer studentischen Hospitantin wurde jeweils eine kurze Kommunikationseinheit aufgezeichnet, kommentiert und noch mit einem kleinen Hinweis versehen, wie die Kommunikation von der Protokollantin emotional aufgenommen wurde. Beim *ersten Beispiel* handelt es sich um eine Einzelarbeit:

„Beobachtung: Die Schüler arbeiten an ihrer Aufgabe, nur Markus sitzt noch immer untätig an einem Tisch. Die Lehrerin Frau S. geht auf ihn ein: ‚Markus was ist los? Möchtest du dir nichts aussuchen? Möchtest du gedrückt werden? Möchtest du Seilspringen? … Gar nichts?‘ Er schüttelt den Kopf. Sie fragt weiter: ‚In die Leseecke? … Was ist heute los mit dir, musst du erst mal ankommen? Dann geh in die Leseecke und ich wünsche dir sehr, dass du heut wieder bessere Laune bekommst. Wir haben heute nämlich noch etwas zu feiern.‘
Kommentar: Frau S. geht auf Markus zu und versucht, ihn in das Geschehen einzubinden. Sie geht auf seine emotionale Befindlichkeit ein und bietet ihm verschiedene Möglichkeiten an.
Introspektion: Ich bin gerührt.“ (111 f.)

Der Kommentar und die Introspektion stammen von der Hospitantin. Sie machen die emotionale Atmosphäre spürbar. Spürbar wird das professionelle Engagement der Fachkraft, die solidarische Haltung und das vorsichtige Tasten nach einer möglichen Lösung für die Schwierigkeit des Jungen, an diesem Tag in den schulischen Alltag hineinzufinden. Die Kommunikation zwischen Fachkraft und Kind wurde als ‚sehr anerkennend‘ gewertet.

Das *zweite Beispiel* stammt ebenfalls aus dem Grundschulbereich. Wiederum wurde eine Einzelarbeit von einer studentischen Hospitantin im Beisein einer Kommilitonin aufgenommen:

„Beobachtung: Die Lehrerin Frau Z. wendet sich zu Stefan, schaut in sein Heft und sagt: ‚Weißt du, was mich richtig ärgert. Dass du so unglaublich faul bist. Frau Z. zeigt auf uns (die Hospitantinnen). Diese beiden Frauen da denken echt, dass du bescheuert bist. Dabei bist du einfach nur so richtig schön dumm. So richtig schön dumm-faul.' Stefan schaut auf sein Heft und stützt den Kopf auf die Hände.
Kommentar: Frau Z. reagiert in dieser Situation übertrieben und unangemessen. Sie stellt Stefan bloß.
Introspektion: Ich bin schockiert.“ (109)

Die Kommunikation zwischen Fachkraft und Kind wurde als ‚sehr verletzend' gewertet. Prengel kommentiert: „Aus professioneller Sicht liegt hier zweifellos ein Kunstfehler aus Mangel an Solidarität vor, die Interaktion unterminiert Wohlergehen und schulisches Lernen. Auch den Anerkennungsformen der rechtlichen Achtung und der leistungsbezogenen Wertschätzung wird zuwider gehandelt.“ (109)

Das Prinzip der Anerkennung lässt sich auch in der Bildungsarbeit mit Kindern im Elementarbereich anwenden. Auch hier ist es geboten, eine Haltung der Anerkennung der Fachkräfte gegenüber Kindern von einer Haltung der Verletzung deutlich abgrenzen.

Hierzu ein Beispiel, das Gutknecht (2012, 29) vorstellt:

„Zwei Betreuungspersonen saßen auf dem Boden zusammen mit 4 Kindern. Alan (7 Monate) krabbelte aufgeregt zu ihnen. Die eine Betreuerin sagte zu ihm: ‚Nein, ich will dich nicht – du wiegst eine Tonne. Nein, Alan, du Fass, geh aus dem Weg!' Dann sagte sie: ‚Geh zu Martha!' (die andere Pflegeperson). Als Alan zu Martha schaute, sagte sie zu ihm: ‚Neeeeeciiiin, nicht zu mir, Alan, bleib bloß da.' Alan schaute irritiert. Dann hob ihn die erste Betreuungsperson in das Laufställchen und sagte: ‚Du spielst da drin, Alan' und ging weg.“

Diese Handlung gegenüber dem Kind kann ebenfalls als ‚sehr verletzend' eingestuft werden.

Gutknecht (2012, 29) bringt noch ein weiteres Beispiel ein, in dem die pädagogische Fachkraft das demokratische Potential von Alltagssituationen in einer Krippe nicht erkennt:

„Lena (5 Monate) saß auf dem Boden und spielte mit einigen Spielsachen. Die Betreuerin entschloss sich, ihre Windeln zu wechseln, näherte sich von hinten, nahm sie abrupt und wortlos auf und legte sie auf den Wickeltisch. Lena wand sich beim Wickeln hin und her. Einige Male gluckste und gurrte sie. Die Betreuerin antwortete nicht. Sie wechselte Lenas Windel, ohne in ihr Gesicht zu schauen, ihre Bewegungen waren mechanisch, ohne Ausdruck. Als sie fertig war, setze sie Lena, ebenfalls wortlos, zurück auf den Boden."

Die Anbahnung einer Wickelsituation wird von der pädagogischen Fachkraft nicht als demokratisch gestaltbare Bildungssituation wahrgenommen. Es ist das Kind, das die Initiative ergreift, die schwierige Situation zu entschärfen, indem es versucht, zur Fachkraft Kontakt aufzunehmen. Die Fachkraft verhält sich non-responsiv, sie antwortet nicht. Dabei böten sich hier durchaus Aushandlungsprozesse, die im Sinne einer ‚Demokratiebildung von Anfang an' genutzt werden könnten. Es könnte ausgehandelt werden, wie das berechtigte Interesse der Fachkraft, einen notwendigen Windelwechsel vorzunehmen, und das berechtigte Interesse des Kindes am Spiel miteinander zu vereinbaren wären. Die Fachkraft könnte auf das Kind zugehen, Blickkontakt aufnehmen, ihr Interesse einbringen. Sie könnte das Interesse des Kindes, weiterspielen zu wollen, erst einmal als gleichberechtigt anerkennen. Dann könnte ein Aushandlungsprozess dialogisch gestaltet werden. Das Kind könnte noch etwas spielen und dann auf die freundliche Aufforderung der Fachkraft eingehen. Das Kind könnte evtl. auch ein Spielzeug in den Wickelraum mitnehmen. Selbstverständlich könnte im Wickelraum kooperativer gehandelt werden. Auch hier wurde von der Fachkraft eine für ein Kleinkind spannende Bildungssituation nicht angenommen. Das Zeitargument greift hier nicht wirklich, denn eine Situation, wie die hier geschilderte, könnte in eine ernsthafte Auseinandersetzung übergehen, eben weil kein Interessenabgleich erfolgt ist. Nicht immer schafft es ein Kleinkind, derart kooperativ zu agieren, wie es Lena in dieser Sequenz gelungen ist. Demokratie von Anfang an ist ein Anspruch, den Kinder mit Recht stellen können. Ein deliberatives, auf Verständigung ausgerichtetes Demokratiemodell ist durchaus auch in einer Krippe praxistauglich. Mittlerweile gilt eine responsiv ausgestaltete Wickelsituation als Qualitätsmarker in Qualitätsmessinstrumenten wie beispielsweise der Krippenskala KRIPS-R (Bolz et al. 2005).

3.4 Demokratische Aushandlungsprozesse als Bildungssituationen

Wichtig ist hier insbesondere, das demokratische Potential in einer aushandelbaren Alltagssituation in Bildungsinstitutionen professionell aufgreifen zu können. Von Anfang an sind Kinder in der Lage, sich mitzuteilen. Pädagogische

Fachkräfte können diese Mitteilungen wahrnehmen und ernst nehmen. So unterstützen sie das Kind in seiner Selbstbestimmungsfähigkeit. Pädagogische Fachkräfte können das Kind dabei professionell unterstützen, mit anderen Kindern und auch mit Erwachsenen in Aushandlungsprozessen zu von allen Beteiligten akzeptablen Lösungen zu gelangen, und fördern so die Mitbestimmungsfähigkeit des Kindes. Die pädagogischen Fachkräfte können für das Kind erfahrbar machen, dass ihnen Solidarität und Anerkennung zuteilwird, und unterstützen auf diese Weise die Solidaritätsfähigkeit des Kindes.

Dewey (2011, 121) ist zuzustimmen, wenn er in seinem Werk „Demokratie und Erziehung" verdeutlicht: „Die Demokratie ist mehr als eine Regierungsform; sie ist in erster Linie eine Form des Zusammenlebens, der gemeinsamen und miteinander geteilten Erfahrung." Für Kindertagesstätten als demokratische Bildungsorte bedeutet dies: Explizit muss auf die demokratische Ausrichtung der Einrichtung, in einer Kita-Verfassung niedergelegt, in der Konzeption, auf Flyern und auf der Homepage, die über die Einrichtung informieren, hingewiesen werden. Demokratie muss jedoch auch in die Bildungsprozesse im Alltag der Kinder und der pädagogischen Fachkräfte eingelassen sein. So wird Demokratie für beide Seiten erfahrbar. Erst wenn Demokratie von allen Beteiligten in der Kindertageseinrichtung konkret erfahren werden kann, von den Kindern, den Eltern und Angehörigen sowie von den pädagogischen Fachkräften, ist eine Basis gegeben, die nur eine deliberative Demokratie ermöglicht. Diese ‚Binnendemokratie' der Bildungsinstitution muss, um glaubwürdig zu sein, sich im Außenverhältnis gegenüber dem Träger, der Kommune, der Gesellschaft fortsetzen.

Allein eine demokratische Lebensform wäre in der Lage, eine emanzipierte Gesellschaft hervorzubringen. „Eine emanzipierte Gesellschaft", so der Sozialphilosoph Adorno (2003, 116), „jedoch wäre kein Einheitsstaat, sondern die Verwirklichung des Allgemeinen in der Versöhnung der Differenzen." Nun war Adorno Realist genug anzunehmen, dass dies immer nur annäherungsweise gelingen kann. Aber es vermag der Politik ein Ziel geben, auf das in allen Bereichen, somit auch im Bildungsbereich hinzuarbeiten wäre. Adorno (2003, 116) ermutigt dazu, von dem Ziel der Verwirklichung einer Demokratie, die auf Aushandlung abzielt, ausgehend, konkrete Verbesserungen anzustreben, und an dieser Stelle wird er dann sehr praxisnah: „Sie sollte … den besseren Zustand aber denken als den, in dem man ohne Angst verschieden sein kann."

Adorno (2003, 219) wusste, als er diesen Text schrieb, sehr wohl, wovon er sprach, war er doch als Schulkind wegen seines jüdischen Familienhintergrunds selber Diskriminierungen ausgesetzt. Vor Augen stehen ihm „fünf Patrioten, die über einen einzelnen Kameraden herfielen, ihn verprügelten und ihn, als er beim Lehrer sich beklagte, als Klassenverräter diffamieren." Adorno wurde als angehender Wissenschaftler in Deutschland seiner Bürgerrechte beraubt und schließlich aus dem Land vertrieben. Er kehrte aus dem Exil zurück. Ein wichtiges Anliegen blieb ihm die demokratische Bildung.

3.5 Gleichheit für Verschiedene

Grundkennzeichen einer emanzipierten Gesellschaft ist es, so Adorno (2003, 116), dass man „ohne Angst verschieden sein kann."

Hierzu gehört, wie zuvor herausgearbeitet wurde, die Anerkennung auf der persönlichen, rechtlichen und auf der Leistungsebene. Anerkennung meint nicht einen Zwang zur Gleichheit, sondern in einer deliberativen Demokratie geht es vielmehr um „Gleichberechtigung in der Differenz". Diese Formel hat die feministische Philosophin Maihofer (1995, 156 ff.) geprägt. Maihofer setzt sich mit der zweiten Welle der Frauenbewegung (Gerhard 1999) auseinander. Die Frauenbewegung zeigte sich schon in den 1960er Jahren als divers. Ein weltweites ‚Wir Frauen' als Kollektiv mit exakt gleicher Interessenlage existierte nie. Dafür wurden klug strategische Bündnisse geschlossen und für die Emanzipation einer Gesellschaft von Unterdrückungsmechanismen gegenüber Frauen viel erreicht. Maihofer (1995) nähert sich der Frage an, wie Frauen Gleichberechtigung fordern können, ohne sich angleichen zu müssen und ohne auf eine zugeschriebene Rolle festgelegt zu bleiben. Hierzu führt sie im Ausblick ihres Buches „Geschlecht als Existenzweise" aus:

> „Die Forderung nach Anerkennung der Geschlechterdifferenz tritt also nicht an die Stelle der Forderung nach Gleichheit bzw. Gleichberechtigung. Sie stellt vielmehr deren *Weiter*entwicklung dar. Sowohl die Anerkennung als gleichberechtigte Menschen an sich im Sinne der herkömmlichen Menschenrechte als auch die Anerkennung als gleichberechtigte Staatsbürgerinnen und -bürger im Sinne der herkömmlichen Staatsbürgerrechte bleiben notwendige Voraussetzungen. Die Forderung nach Anerkennung der Geschlechterdifferenz soll – gleichsam als nächster Schritt – die Gleichberechtigung der Frau nun auch als ‚Frau' garantieren." (172 f.)

Die Forderung nach Gleichberechtigung kann somit erhoben werden unabhängig davon, wie Geschlecht in Differenz zu gesellschaftlichen heteronormativen Vorgaben gelebt wird.

Feministinnen haben insgesamt die Debatte um Differenz mitgeprägt und maßgeblich auch vorangebracht. Die Forderung nach Gleichberechtigung für

Verschiedene ohne Assimilationsdruck gilt auch für kulturelle Zugehörigkeiten.

3.6 Kultur als ‚Landkarte der Bedeutung'

Hierzu bedarf es eines dynamischen Kulturbegriffs. In der Handreichung „Kulturelle Vielfalt annehmen und gestalten" (Kölsch-Bunzen et al. 2015, 16 f.) wird dazu ausgeführt:

„Ein Kulturbegriff, der Kultur als festgefügt betrachtet, scheitert an der Realität. Um dieser Realität gerecht werden zu können, bedarf es eines dynamischen Kulturbegriffs. Kultur auf einen flexiblen Begriff zu bringen, ist heutzutage wichtig, weil sich im Zuge einer fortschreitenden Globalisierung die Dynamik des kulturellen Austausches stark erhöht hat, und zwar u. a. über die neuen Medien, über eine Beschleunigung von Reisemöglichkeiten und über Migration. In den letzten Jahrzehnten haben sich insbesondere die Cultural Studies intensiv um einen dynamischen Begriff von Kultur bemüht. Kultur wird nicht mehr national gefasst oder ‚Kulturkreisen' zugeordnet, sondern Kultur wird nun als eng an die realen Lebensverhältnisse von Menschen gebunden betrachtet. Kultur wird hierbei als Lebensweise einer gesellschaftlichen Gruppierung verstanden. Hinter dieser Lebensweise stehen Ideen und Werte, wie gelebt werden sollte. Diese Vorstellungen finden sich in alltäglichen Lebensvollzügen mehr oder weniger umgesetzt wieder. Die Mitglieder einer Gruppierung prägen vor dem Hintergrund ihrer Ideen und Werte eine spezifische Lebenspraxis aus. Aspekte dieser Lebenspraxis fügen sich mit der Zeit zu Traditionen zusammen. Es kristallisieren sich gesellschaftliche Umgangsformen und Beziehungen, Glaubenssysteme, Sitten und Bräuche heraus. Diese wiederum wirken auf den alltäglichen Umgang mit Objekten zurück."

Über Alltagsgegenstände kann man sich wiederum den Hintergrund der Ideen und Werte einer Kultur konkret aneignen. Clarke et al. (1981, 41) formulieren: „Kultur ist die besondere Gestalt, in der dieses Material und diese gesellschaftliche Organisation des Lebens Ausdruck finden. Eine Kultur enthält die ‚Landkarten der Bedeutung', welche die Dinge für ihre Mitglieder verstehbar machen". Diese Definition gibt dem Begriff Kultur Prägnanz. Die ‚Landkarten der Bedeutung' sind keineswegs beliebig. Sie können nach außen von anderen ‚Landkarten' unterschieden werden. Nach innen muss man sie sich nicht als völlig gleichförmig gestaltete denken. Sie fallen vielmehr je nach biographischen Erfahrungen, die sich in die ‚Landkarte' einschreiben, bei ähnlicher Grundierung doch ganz unterschiedlich aus.

Kultur ist in dieser Perspektive nun auch nicht mehr als ein Phänomen zu betrachten, das geradezu zwangsläufig auf Abgrenzung, Streit, Irritation hinauslaufen müsste (Sen 2020). Ganz undramatisch kann gesagt werden: „Das Kulturelle ist … Bestandteil jeder Praxis“ (Mecheril et al. 2010, 96).

3.7 Kindertageseinrichtungen gegen Rassismus und Kulturalismus

Für eine vielfalts- und kultursensible Bildungsarbeit bedeutet dies zweierlei: „Sie muss zum einen sowohl über einen dynamischen Kulturbegriff verfügen, der die Anerkennung von unterschiedlichen ‚Landkarten der Bedeutung‘ ermöglicht. Zum anderen soll sie ungerechte Machtverhältnisse in kultureller Alltagspraxis sowie zwischen Kulturen erkennen und mit pädagogischen Mitteln gegensteuern können“, so Kölsch-Bunzen et al. (2015, 18). Dies soll an einem Beispiel verdeutlicht werden. Das Forscher*innen-Team Van Ausdale/Feagin (2001, 1) berichtet von folgender Begebenheit, die sie in einer Kindertagesstätte in den USA aufgezeichnet haben:

„Carla, ein dreijähriges Kleinkind, bereitet sich gerade auf den Mittagsschlaf vor. Sie hebt ihr Kinderbett an und beginnt damit, es auf die andere Seite des Kita-Raumes zu bewegen. Eine pädagogische Fachkraft fragt nach, was sie da tue. ‚Ich muss umziehen‘, erklärt Carla. ‚Warum?‘, will die Fachkraft wissen. ‚Weil ich nicht neben einem Neger schlafen kann‘, erwidert Carla, während sie auf die dunkelhäutige Nicole zeigt, ein vierjähriges Mädchen im Bett nebenan. ‚Neger stinken. Ich kann neben so einer nicht schlafen.‘ Die weiße pädagogische Fachkraft ist verblüfft, fordert Carla auf, ihr Bett zurückzuschieben und keine ‚verletzenden Worte‘ zu gebrauchen. Carla wirkt amüsiert, aber sie willigt ein. Später, nachdem die Kinder aus dem Mittagsschlaf aufgewacht und hinaus zum Spielen gegangen sind, gibt der weiße Leiter der Einrichtung gegenüber der Autorin (Van Ausdale) an, er habe Carlas Eltern angerufen und zum Gespräch über diesen Vorfall gebeten: ‚Wenn Sie wollen, würde ich es gut finden, Sie wären bei dem Treffen dabei. … Auch möchte ich Sie wissen lassen, dass Carla so etwas hier nicht gelernt hat!‘ Beim Treffen sind beide Eltern – der Vater ist weiß, die Mutter weiß und asiatisch – zunächst ratlos, nachdem ihnen der Vorfall geschildert wurde. Der Vater merkte an: ‚Auf jeden Fall, diesen Mist hat sie nicht von uns!‘ Die Fachkraft betonte ebenfalls sofort, Carla könne derartige Worte auf gar keinen Fall in der Einrichtung gelernt haben. Daraufhin bot Carlas Vater diese Erklärung an: ‚Ich möchte wetten, sie hat das von Teresa. Ihr Vater ist … so ein richtiger Proll.‘“ (Übersetzung NKB)

Diese Geschichte bietet für alle Beteiligten wichtige Bildungsanlässe, die allerdings in diesem Fall nicht realisiert wurden:

- *Belehrung statt Bildung:* Die Intervention der pädagogischen Fachkraft ist reine Belehrung. Sie ordnet an, das Bett zurückzuschieben und keine ‚verletzenden' Worte zu benutzen. Nicole, der die ‚verletzenden' Worte galten, wird nicht angesprochen. Die pädagogische Fachkraft wendet sich lediglich der aktiven Carla zu. Oberflächlich betrachtet scheint die ‚Ordnung' wiederhergestellt zu sein. Unter dieser Oberfläche jedoch schwelt der Konflikt für alle Beteiligten weiter.
- *‚Von uns hat sie das nicht!':* Die Eltern von Carla werden in die Einrichtung zitiert und sollen sich rechtfertigen. Man findet einen gemeinsamen Nenner: „Von uns hat sie das nicht!". Da muss wohl eine Begegnung mit dem rassistischen Nachbarn der Auslöser gewesen sein, wird gemutmaßt. Aus der Entwicklungspsychologie wissen wir jedoch, dass kleine Kinder wesentlich besser regelmäßige Ereignisse erinnern als einzelne Vorkommnisse (Sturzbecher/Freytag 2000): Kinder in diesem Alter beziehen sich auf Regelmäßiges. Sie sind insbesondere interessanten Mustern, auch Verhaltensmustern auf der Spur.
  Auch mit viel Aktivität, welche die pädagogischen Fachkräfte entfalten, wird wenig erreicht: Die Diskriminierung der Kinder untereinander wird zu einer ‚Schuldfrage' umgedeutet. Eine fachliche Auseinandersetzung mit diesem Vorkommnis wird letztlich abgewehrt.

Wie könnte stattdessen ein professionelles Handeln der pädagogischen Fachkräfte als Erste Hilfe gestaltet werden?

- *Bildungsanlass für Nicole:* Nicole bleibt Objekt. Sie wird nicht angesprochen. Auch ihre Eltern werden nicht eingeladen. In der Schlafraumsituation sollte die erste Aufmerksamkeit jedoch selbstverständlich dem Kind gelten, das diskriminiert wurde. Man sollte ohne Aufregung dem Kind Sicherheit signalisieren und ihm sagen und zeigen, dass man an seiner Seite ist. Man kann die Gefühle des Kindes empathisch aufnehmen, ohne zusätzlich zu dramatisieren. Vielleicht findet Nicole erst einmal mit Unterstützung in den Mittagsschlaf hinein. In der Schlafsituation in einer Kita sollte ohnehin immer eine pädagogische Fachkraft anwesend sein. Grundsätzlich ist es in Kindertageseinrichtungen wichtig, Children of Colour jenseits rassistischer Vorfälle durch Bildungsmaterial, welches die Vielfalt der Hauttönungen der Menschheit repräsentiert, zu stärken.

- *Ein Bildungsanlass für Carla:* Carla ist dabei, hinter ein Geheimnis der Erwachsenenwelt zu kommen. Sie ist dabei, mit einer diskriminierenden Ordnung zu experimentieren. Das Label ‚Täterin' jedoch trifft den Sachverhalt nicht. Hier gilt das pädagogische Grundprinzip, zwischen dem Tun und der Person zu unterscheiden. Die Handlung macht für das Kind Sinn: Carla versucht sich im Blick auf das Phänomen Hauttönung zu positionieren. Eine zweite Fachkraft sollte das Bett mit Nicole gemeinsam zurückschieben und sie dabei unterstützen, erst einmal in den Mittagsschlaf hineinzukommen. In einer demokratischen Kita kann man davon ausgehen, dass die Kinder sich selbst in den Schlafraum begeben haben und auch tatsächlich müde sind.
- *Bildungsanlass für alle Akteur*innen der Kindertageseinrichtung:* Alle Kinder benötigen eine Kindertagesstätte, in der Vielfalt angenommen und professionell gestaltet wird. Hierzu gehört, dass auf der Ebene der Kinder, der Eltern, der Leitung und auf der Ebene der Mitarbeiter*innen positive Aspekte von Vielfalt aufgegriffen und entsprechend gewürdigt werden. Hierzu gehört auch, dass Konflikte als Bildungsanlässe genutzt werden. Dies ist nur möglich, wenn Kinder in der Bildungsinstitution die konkrete Erfahrung machen, dass ihre demokratischen Rechte gewahrt sind. Welche Bedeutung eine Hauttönung jeweils in der Biographie eines Menschen einnimmt, kann nicht von außen bestimmt werden, sondern lässt sich nur über den jeweils aktuellen Stand der ‚Landkarte der Bedeutung' kommunikativ erschließen. Diskriminierungserfahrungen jedoch schreiben sich in diese ‚Landkarte der Bedeutung' schmerzhaft ein. Diskriminierung unternimmt den harten Versuch, vorzuschreiben, wer und wie die diskriminierte Person zu sein hat. Ein fatales Signal insbesondere an Heranwachsende, welches in demokratischen Bildungseinrichtungen nicht geduldet werden kann.

Vor diesem Hintergrund ist es wichtig, dass die pädagogischen Fachkräfte gemeinsam mit der Einrichtungsleitung, dem Träger in einem demokratischen gesellschaftlichen Kontext Handlungssicherheit erwerben. Hierzu ist zweierlei notwendig: *Wissen* und *Methodik.*

Wissen um den kolonialistischen, rassistischen und kulturrassistischen Hintergrund einer ‚Hautfarbenordnung': Die ‚Hautfarbenordnung' ist ein Konstrukt des Kolonialismus. Nach Koller (2009) wird den jeweils unterschiedlichen menschlichen Hauttönungen in Zeiten des Kolonialismus eine besondere Bedeutung zugeschrieben. Unterschieden wird in ‚weiß' und ‚nicht-weiß'. ‚Nichtweiß' wird noch einmal unterschieden in ‚schwarz', ‚rot' und ‚gelb'.

Dies ist eine künstliche Setzung, die in keiner Weise beschreibt, wie menschliche Haut faktisch aussieht, die individuell unterschiedlich, mehr oder weniger Pigmentierung aufweisen kann. In diese künstliche Setzung sind ungerechte Machtverhältnisse eingeschrieben. Die rassistische ‚Hautfarbenordnung' diente der Rechtfertigung kolonialer Verhältnisse. So wurde behauptet, dass an der ‚Hautfarbe' eine vermeintliche ‚Rasse' erkannt werden könne.

Mittlerweile hat die Populationsgenetik (Cavalli-Sforza/Cavalli-Sforza 1996) erwiesen, dass der Begriff der ‚Rasse' nicht auf den Menschen anwendbar ist. Es besteht jedoch die Gefahr, dass die Konstruktion von ‚Hautfarben' als ‚Kultur-Rassismus' (Balibar 2014) weiterwirkt. Kultur-Rassismus bedeutet, dass man nun nicht mehr von ‚Rassen', sondern von angeblich unüberwindlichen ‚angeborenen kulturellen Unterschieden' ausgeht. Insbesondere dem ‚Hautfarben'-Konstrukt ‚schwarz' wird hohe Symbolkraft zugeschrieben. Demgegenüber tendiert das ‚Hautfarben'-Konstrukt ‚weiß' mittlerweile dazu, sich unsichtbar zu machen.

‚Weiß' steht so in einer kulturrassistischen Lesart immer noch für das ‚Normale', die selbstverständliche Kultur, worüber gar mehr nicht zu sprechen wäre. ‚Schwarz' gilt als ‚Abweichung', als ‚andere Kultur', als erklärungsbedürftig.

Wissen um den Entwicklungsstand von Kindern in Kindertageseinrichtungen im Blick auf die Entwicklung rassistischer Vor-Vorurteile: Mac Naughton (2006) konnte nachweisen, dass Kinder bereits im Alter zwischen 3 und 5 Jahren die vermeintlichen Kennzeichen wie Hauttönung und Haartextur, die in ‚Rasse'-Konstruktionen eine wichtige Rolle spielen, identifizieren können. Auch eine Selbstzuordnung gelingt. In diesem Alter, so Mac Naughton (2006), beginnen die meisten Kinder sogar damit, unabhängig von der eigenen Hauttönung eine ‚weiße' Puppe aus einer Kollektion von Puppen mit unterschiedlichen Tönungen zu bevorzugen.

„Früh setzen Kinder", so Kölsch-Bunzen et al. (2015, 86 f.), „äußerliche Merkmale, die zu ‚Rasse'-Konstruktionen umgedeutet werden können, in Beziehung zu Erfahrungen, die sie mit gesellschaftlichen Normvorstellungen machen. Wenn sie und ihre Familie in ihrem Umfeld die Erfahrung machen, dass Menschen mit ‚weißer Hautfarbe' einer Normvorstellung eher entsprechen, dass ihnen eher das Gefühl von Zugehörigkeit vermittelt wird als Menschen ‚nicht-weißer Hautfarbe' und wenn diese Erfahrungen in Kitas gar eine Fortsetzung finden, dann ist es nachvollziehbar, dass Kinder sich und andere diesem ‚Hautfarben-Ordnungssystem' zuordnen. Im Alter von 3 bis 5 Jahren suchen Kinder nach Worten, die die Welt beschreiben, wie sie sie wahrnehmen. So experimentieren sie auch mit Begriffen und Redewendungen, die Ordnungsmuster der Über- und Unterordnung wiedergeben."

Diese Vor-Vorurteile sind jedoch noch nicht festgefügt. Und: Sie müssen sich auch nicht verfestigen, wenn Kindern früh die Möglichkeit gegeben wird, andere Erfahrungen in ihre ‚Landkarte der Bedeutung' einzutragen. Kinder bei Diskriminierungserfahrungen beizustehen, diskriminierenden Kindern eine Alternative bieten, demokratische Aushandlungsprozesse erfahren, auch dies kann Eingang in die ‚Landkarte der Bedeutung' des Kindes finden, allerdings nur, wenn es sich bei demokratischen Konfliktlösungsverfahren um regelhaft wiederkehrende Ereignisse handelt. Einmalige demokratische Veranstaltungen und vom Alltag abgehobene Inselerlebnisse werden gerade bei Kindern im Kita-Alter, die sich besser an stetig wiederkehrende als an einmalige Ereignisse erinnern können, kaum nachhaltig wirken.

Methodenwissen: Mittlerweile stehen für pädagogische Fachkräfte in Kindertageseinrichtungen eine Vielzahl an Methoden zur Verfügung, einerseits zur Vorbeugung von rassistischen und kulturrassistischen Vor-Vorurteilen von Kindern und anderseits auch als Möglichkeit, in Konfliktfällen auf den Kindern bereits Bekanntes zurückgreifen zu können.

Das Handbuch zum OPBW (Orientierungsplan für Bildung und Erziehung für die baden-württembergischen Kindergärten; Kölsch-Bunzen et al. 2015) bietet einen kommentierten Methodenpool. Hierzu einige Beispiele:

- Jede Kita sollte Stifte und Bilderbücher zur sachlich angemessenen Darstellung von Hauttönungen aller Menschen der Einen Welt vorrätig haben, um den Kindern Differenzierungsmöglichkeiten jenseits falscher ‚Schwarz'-‚weiß'-Schemata anbieten zu können.
- Pädagogische Fachkräfte können sich um eine sachgerechte Sprache im Blick auf Hauttönungen bemühen. So ist ein hellbeiges T-Shirt nicht ‚hautfarben'. Es so zu bezeichnen, hieße, die helle Hautfarbe zur einzig möglichen Hauttönung zu erklären, von der andere dann in ‚unaussprechlicher Weise' abweichen.
- Es sollte eine Auswahl an Kinderbilderbüchern geben, die Kinder unterschiedlicher Hauttönung ganz selbstverständlich als Identifikationsfiguren für alle Kinder zeigen. Die dort abgebildeten Personen sollten als handelnde Subjekte dargestellt werden und nicht ausschließlich als ‚passive Opfer'. Einige geeignete Bilderbücher liegen in deutscher Sprache vor, zahlreiche in

englischer Sprache. Die kurzen Texte könnten in Übersetzung ins Deutsche auf laminiertem Karton den Bilderbüchern beigelegt werden.

- Ermahnungen nach dem Motto: „Sag nicht ‚das böse Wort'!" und ein erhobener Zeigefinger sind jedenfalls nicht die Lösung. Sie wirken inkompetent und suggerieren darüber hinaus allen Beteiligten, es gäbe für diese Art von Konflikten nur autoritäre und keine demokratischen Lösungen.

Vielfalt annehmen und professionell gestalten, erweitert den politischen Horizont aller an einer Bildungseinrichtung Beteiligten. Die ‚Landkarten der Bedeutungen' aller werden reichhaltiger in einer Atmosphäre der Aufmerksamkeit gegenüber Diskriminierungen und der pädagogischen Handlungsfähigkeit gegenüber Anerkennungsverweigerung.

Es geht nicht darum, jegliche Form der Vielfalt unkritisch zu ‚feiern', so Kölsch-Bunzen et al. (2015):

„Eine vielfalts- und kultursensible Bildungsarbeit ist ethisch zu fundieren. Ohne diese ethische Fundierung kann es bestenfalls ein beziehungsloses Nebeneinander unterschiedlicher ‚Landkarten der Bedeutung' geben. Damit Menschen mit ganz unterschiedlicher kultureller Alltagspraxis aufeinander zugehen, voneinander lernen und einander Hilfe leisten können, ist die Bereitschaft zur Verständigung unerlässlich. Sich miteinander zu verständigen, ist der Kern von Demokratie. Insofern bedeutet Demokratie mehr, als an Wahlen teilzunehmen. Zentral geht es in demokratischen Verfahren immer um Aushandlungsprozesse. Demokratische Aushandlungsprozesse sind voraussetzungsreich. … Zu einem fairen Austausch wird es nur kommen, wenn die Partner einander als gleichwertig achten, den anderen anerkennen und sich jeweils – im Perspektivenwechsel – in den anderen hineinversetzen. Gleichberechtigung und die Anerkennung des Anderen in seiner Freiheit, die jeweils eigenen ‚Landkarten der Bedeutung' auszugestalten, sind Grundlage der Menschenrechte." (18)

3.8 Religionen als wichtiger Aspekt kultureller Vielfalt

Wer demokratisch anerkennend mit kultureller Vielfalt umgehen möchte, kann vor religiöser Vielfalt nicht haltmachen.

Bernlochner (2013, 33) konstatiert ein „Neben-, Mit- und Ineinander von ‚Kultur' und ‚Religion'". Auch nach Tillich (1962, 61) bilden Religion und Kultur eine „Einheit von unbedingtem Sinn-Gehalt und bedingter Sinn-Form". Während Kultur bedingte Formen von Sinn umfasst, kann Religion, so Tillich

(1962, 52), verstanden werden als ausgerichtet „auf das *unbedingt Seiende* als Grund und Abgrund aller Einzelsetzungen und Einheit." Bernlochner (2013, 33) folgert, „dass beide Begriffe Religion und Kultur eng miteinander verwoben sind und nicht absolut voneinander getrennt betrachtet werden dürfen."

Der Vielfalt von ‚Landkarten der Bedeutung' entspricht die Vielfalt von Religionen, die in die jeweiligen ‚Landkarten der Bedeutung' so eingeschrieben werden, dass es auch innerhalb von Religionen wiederum Vielfalt gibt.

Es ist kein leichtes Unterfangen, sich einen Begriff von Religion zu machen, der religiöse Vielfalt vollständig zu umfassen vermag. Schon allein in Bezug auf die drei abrahamischen Religionen Judentum, Christentum und Islam, die gemeinsam auf Abraham als Vater des Glaubens rekurrieren, sich zudem einheitlich als monotheistisch verstehen und von daher Nähe zueinander aufweisen, ist es schwierig, einen einheitlichen Religionsbegriff zu entwickeln. Entsprechend wird der Begriff der Religion im Judentum, Christentum und im Islam kontrovers diskutiert. Das „Oxford Dictionary of the Jewish Religion" (Berlin 2011, XI) mahnt bei der Verwendung des Begriffs zur Vorsicht:

„Sowohl das Wort Religion als auch sein inhaltliches Bedeutungsspektrum sind Teil einer christlich geprägten Kulturgeschichte. Der Begriff ist … aus dem Westen in andere kulturelle Traditionen und (in Übersetzungen) in andere Sprachen eingesickert. Obwohl allgemein Einigkeit darüber besteht, dass der Gebrauch von Religion aufgrund seiner westlichen Herkunft dem Diskurs über viele Themen vorgreift, die in verschiedenen Kulturen unterschiedlich verstanden werden, ist der Begriff dennoch weit verbreitet. Die Verwendung des Wortes muss daher kulturelle Besonderheiten berücksichtigen." (Übersetzung NKB)

Obwohl zum Wort *Religion* im Judentum ursprünglich keine Entsprechung gäbe, so das „Oxford Dictionary of the Jewish Religion", wird eine Übertragung versucht, die jedoch im Jüdischen nicht einhellig akzeptiert wird (Berlin 2011, XI):

„Die hebräische Sprache hatte ursprünglich kein Äquivalent zur Religion. Die Thora (Lehre), diese Sammlung göttlicher Schriftoffenbarung – insbesondere im Pentateuch – und die mündliche Thora mit ihren göttlich sanktionierten Auslegungsweisen kommt ihr vielleicht am nächsten. (Als ein Wort für Religion notwendig wurde, kam ein aus dem Persischen stammendes Lehnwort ‚dat' zum Einsatz.) Die Torah … ist sowohl in ihren individuellen als auch in ihren sozialen Aspekten so allumfassend, dass einige Autoren es vorzogen, es eher als eine ‚Lebensweise' denn als eine ‚Religion' zu definieren." (Übersetzung NKB)

Ebenso muss in der islamischen Tradition nach einem Äquivalent für das Wort Religion gesucht werden. Öztürk (2007, 67) verweist auf die Bedeutungsvielfalt des arabischen Begriffs ‚din':

„Das arabische Wort für Religion lautet din und zu seinem Bedeutungsumfeld gehört Anbetung, Gehorsam, Fügung, Urteil, Frömmigkeit, Bestrafung, Belohnung, Rechenschaft und ein Weg bzw. ein Pfad. … Religion setzt sich im islamischen Sinn aus iman (Überzeugung), islam (Hingabe) und ihsan (Rechtschaffenheit) zusammen".

Aber selbst die christliche Überlieferung zum Religionsbegriff weist schon in der lateinischen Version, im Wort ‚religio', ebenfalls eine Bedeutungsvielfalt auf: „Das lateinische Wort religio kann auf die drei Verben relegere (erneut lesen, sich immer wieder hinwenden, sorgfältig wahrnehmen), religare (gebunden sein, sich binden) und reeligere (erneut wählen, wieder erwählen) zurückgeführt werden." (Tautz 2007, 27)

Trotz aller Vorbehalte gegenüber dem Religionsbegriff erweist er sich möglicherweise doch als geeignet, um gemeinsame Aspekte zwischen Judentum, Christentum und Islam herauszuarbeiten. Hierzu bedarf der Begriff von ‚Religion' einer inhaltlichen Weite, die Aspekte von Torah, din und religio in sich aufzunehmen vermag und darüber hinaus, dies ist sehr wichtig, auch nichtpersonale Gottesvorstellungen jenseits der drei abrahamischen Religionen inkludiert.

Weiterführend kann hier ein Begriff von Religion sein, wie ihn Tillich ins Gespräch gebracht hat. Er prägte einen Religionsbegriff, der bisher das ökumenische Gespräch bereichert hat und der religionssensible Diskurse auch über einen trialogisch angelegten Austausch hinaus anregen könnte. Tillich (2008a, 334) definiert Religion als Ausrichtung auf ein den Menschen unbedingt Angehendes, als „ultimate concern". Die Begriffe Religion und Kultur setzt er zueinander in Beziehung. Kultur wird als Ausrichtung auf bedingte Formen von Sinn konzipiert. Religion hingegen, so Tillich (ebd.), richtet sich auf das, was Menschen als letzten, unbedingten Sinn setzen: „The ultimate concern of the believer is concern about that which is really ultimate and therefore the ground of his being and meaning." Nach Tillich (2008a) wird jede Kultur von der inneren Ausrichtung derer bestimmt, die ihr angehören. Diese innere Ausrichtung von Kulturen ist auch grundiert von Religionen. Religion zielt dabei auf das Unbedingte, während sich Kultur an bedingten Zeichen und Handlungen orientiert. Tillichs Kulturbegriff und sein weiter Begriff von Religion sind m. E. anschlussfähig an den Kulturbegriff der Cultural Studies.

Niklas Luhmann (2002, 137) unterbreitet einen Vorschlag, wie sich die

Modelle	Position	Ausprägung von Religionssensibilität
säkulares Modell 1	Dieses Modell *bestreitet* grundsätzlich die *Wahrheitsfähigkeit religiöser Aussagen.*	Religionssensibilität kann nicht entwickelt werden.
säkulares Modell 2	Religiöse Aussagen können in wahrheitsfähige Aussagen übersetzt werden (Habermas 2001)	Ein religionssensibler Austausch der Religionen ist prinzipiell möglich.
exklusivistisches Modell	Dieses Modell bestreitet die Wahrheit und Heilsmöglichkeiten anderer Religionen. Diese Haltung findet ihren Ausdruck in der vom Kirchenvater Origenes im 3. Jh. ndZ. geprägten und im Konzil von Florenz 1442 kirchenamtlich verkündeten Formel (Fuchs 2001) *,extra eclesiam nulla salus'* (übersetzt: außerhalb der Kirche gibt es kein Heil). Es beschreibt auch die Position moderner religiöser Fundamentalist*innen insgesamt.	Mission und Bekehrungswille herrschen vor. Religionssensibilität kann nicht entwickelt werden.
inklusivistisches Modell	Nach diesem Modell wird Gottes Heilshandeln auch in anderen Religionen als denkbar vermutet. Auch andere Religionen könnten *Spuren einer Suche nach religiöser Wahrheit* enthalten. Eine Position, die z. B. vom Konzil v. Trient 1545–63 vertreten wurde (Fuchs 2001) und auch von Rahner (1965), der von einem ,anonymen Christentum' spricht. Auch hier gibt es Entsprechungen in anderen Religionen.	Nur allererste Ansätze eines religionssensiblen Austausches der Religionen können angebahnt werden. Jede Debatte über Religionen steht unter dem prinzipiellen Vorbehalt der Ungleichwertigkeit der Positionen.
pluralistisches Modell	Alle großen Religionen werden als *gleichwertige Heilswege* zu Gott aufgefasst (Knitter 1988, Schmidt-Leukel 2008). Die Position wird teilweise auch in anderen Religionen geteilt.	Ein religionssensibler Austausch der Religionen auf gleicher Ebene ist möglich. Jedoch besteht die Problematik eines Verlustes des je Eigenen der beteiligten Religionen durch notwendige Ausschaltung von Trennendem. Diese Position wird nicht selten aus einer säkularen Position heraus religiösen Menschen als vermeintlicher ,Königsweg' nahegelegt.
komparatistisches Modell	Dieses Modell empfiehlt *vergleichende Analysen:* Hierbei sollen die jeweils eigenen religiösen Überzeugungen in den Blick genommen werden und die innere Heterogenität innerhalb von Religionen Anerkennung finden. Der Vergleich zwischen Religionen verdeutlicht sowohl Unterschiede als auch ,Familienähnlichkeiten' unterschiedlicher religiöser Überzeugungen. Es geht um eine Klärung der je eigenen religiösen Überzeugung und um eine Vertiefung des Verständnisses für andere Religionen (Stosch 2012). Dieser Ansatz wird in enger Kooperation mit anderen Religionen weiterentwickelt.	Ein religionssensibler Austausch der Religionen auf gleicher Ebene ist möglich. Sowohl Unterschiede als auch verbindende Aspekte zwischen Religion werden herausgearbeitet.

eigene Darstellung, NKB

Funktion von Religion sowohl religiösen als auch nichtreligiösen, säkularen Menschen erschließen ließe. Gelänge es doch religiöser Sprache „Sinnprobleme als Paradoxieentfaltungsprobleme“ zum Ausdruck zu bringen. Deutlich macht Luhmann (2002, 51 f.) dies am Phänomen des Todes: „Für psychische wie für soziale Systeme … ist der Tod sicheres Wissen und sicheres Nichtwissen zugleich. Im Begreifen des Todes tritt das Medium Sinn in Wiederspruch mit sich selbst.“ Diese kognitiv als unvereinbar wahrgenommenen Gegensätze aus Wissen und Nichtwissen drohen ein Sinngefüge aufzubrechen. Religionen käme nun die Funktion zu, in Ritualen des religiösen Sprechens und Handelns diese unabweisbaren Widersprüche in sich aufzunehmen, stehenzulassen, ohne sie aufzulösen.

3.9 Religionssensibilität in Kindertageseinrichtungen

Auch vom „religiös unmusikalischen Bürger“, so Habermas (2005, 33), kann gefordert werden, sich mit gesellschaftlichen Strukturen der Anerkennung bzw. der Anerkennungsverweigerungen gegenüber Religionen, mit möglichen Hierarchisierungen und hegemonialen Diskursen auseinanderzusetzen. Sie müssen dort auch ihre eigene Position kritisch hinterfragen.

Zum Faktum, dass es Religionen im Plural gibt, kann man sich unterschiedlich positionieren. Aber eingedenk des Axioms von Watzlawick et al. (1982, 53): „Man kann nicht nicht kommunizieren“, ist es unmöglich, eine Nicht-Position einzunehmen. Es gibt zur Frage, wie mit der empirischen Tatsache, dass es Religionen gibt, umzugehen wäre, idealtypisch vier religiös motivierte Modelle, ferner ein nichtreligiöses, säkulares Modell in zwei Ausprägungen. Alle Positionen nehmen Einfluss auf die Chancen, Religionssensibilität zu entwickeln.

Das säkulare Modell 1 aus der Tabelle verhindert den Aufbau von Religionssensibilität und erweist sich als nicht dialogfähig. Auch unter einem exklusivistischen Modell kann aufgrund einer Dialogunfähigkeit im religiösen Bereich keine religionssensible Kompetenz aufgebaut werden. Im inklusivistischen Modell wird ein religionssensibler Dialog dadurch erschwert, dass vor Gesprächsaufnahme eine Hierarchisierung der Positionen festgelegt ist. Im pluralistischen Modell, welches Religionsvertreter*innen gern aus einer säkularen Position heraus als ‚Königsweg‘ angeboten wird, besteht die Schwierigkeit im interreligiösen Austausch darin, dass das Differente zwischen Religionen nicht thematisiert und bearbeitet werden kann. Sowohl im komparatistischen Modell als auch im säkularen Modell 2 kann ein Dialog zu religiösen Fragestellungen auf einer Ebene der gegenseitigen Wertschätzung und religionssensibler

Anerkennung erfolgen. Fragen nach dem „ultimate concern" im Sinne Tillichs (2008a) können ausgelotet, innere Heterogenität und äußere Familienähnlichkeiten der Religionen in den Blick genommen werden mit dem Ziel eines vertieften Verständnisses für Religionen und auch für säkulare Positionen.

Leimgruber (2007, 100 f.) hat eine Liste von sechs Kompetenzfeldern vorgelegt, die sich auf den professionellen Umgang mit religiösen Fragestellungen bezieht:

- *Ästhetische Kompetenz:* Wird definiert als „Fähigkeit, Zeugnisse, Phänomene und Personen anderer Religionen achtsam wahrzunehmen." Hierzu ist „persönliche Offenheit", „vorurteilsfreies Hinschauen" gefragt. Insbesondere die ästhetische Dimension des Glaubens wird erkundet, beispielsweise in Räumen oder Schriften.
- *Inhaltliche Kompetenz:* Bezieht sich auf „das Verstehen anderer Religionen als Glaubenssysteme, Überzeugungen und Traditionen", indem „Orientierungswissen" geboten und „theologisches Urteilsvermögen" gefördert wird.
- *Anamnestische Kompetenz:* Bedeutet „die Fähigkeit zum religiösen Lernen durch Erinnerung. Hier werden das kulturelle Gedächtnis aktiviert und frühere Erkenntnisse und Erfahrungen ins Bewusstsein erhoben im Hinblick auf mögliche Korrekturen."
- *Frage- und Ausdrucksfähigkeit:* Zielt auf die Fähigkeit, Fragen zu stellen, die auf „Einfühlung und Hintergrundwissen" basieren. Ferner geht es hier darum, „religiöse Erfahrung zum Ausdruck zu bringen, Intuitionen zu artikulieren und religiös-theologische Äußerungen sprachlich angemessen darzustellen."
- *Kommunikationsfähigkeit:* Erfordert „Dialogfähigkeit", u. a. als „Austausch von religiösen Fragen, das Sichmitteilen in letzten Fragen".
- *Handlungskompetenz:* Schließlich kann „solidarische Aktionen" zum Wohle der Gesellschaft fördern.

Weiterführend am Ansatz Leimgrubers (2007) ist, dass die Kompetenzfelder sowohl auf eine Förderung der interkulturellen als auch auf eine Unterstützung der interreligiösen Kompetenz abzielen. Dies eröffnet die Möglichkeit, dass durch religionssensible Bildung im Rahmen einer interkulturellen Bildung auch Menschen mit einer säkularen Position die Kompetenz zum Aufbau von Religionssensibilität als Pendant zur interreligiösen Kompetenz religiöser Menschen ausprägen können.

3.10 Kultur- und religionssensible Bildung in Kindertageseinrichtungen

Die Kindheitspädagogik geht vom kompetenten Kind aus (vgl. Dornes 2001). Kinder erwerben sich ein Weltwissen in selbsttätigen Konstruktionsprozessen und machen sich damit die Welt zu eigen. Grundlegend für eine Bildung von Anfang ist ihre menschenrechtsorientierte, demokratische Ausrichtung.

Auch für die Hochschulbildung wird gefordert, dass das Studium dazu beiträgt, Religionssensibilität und interreligiöse Kompetenz für Studierende aufzubauen. Das Hochschulnetzwerk Bildung und Erziehung in der Kindheit (2011, 113 f.) erteilt beispielsweise folgende Empfehlungen für die Hochschulbildung von Kindheitspädagog*innen:

„Früh stellen sich dem Kind lebensweltbezogen die klassischen Fragen Kants: Was kann ich wissen? Was soll ich tun? Was ist der Mensch? Was darf ich hoffen? Kinder machen sich ihren Reim auf die Welt und prägen ihre kinderphilosophische und kindertheologische Sicht auf die Welt aus. KindheitspädagogInnen kommt die Aufgabe zu, Kindern eine anspruchsvolle philosophische Bildung, religiöse Bildung zu ermöglichen. Philosophische Bildung lässt sich definieren als methodengeleitetes, sich zunehmend ausdifferenzierendes Vermögen zur Reflexion über Inhalte der Weltdeutung, der Selbstdeutung und der Lebenspraxis, welche sich stets offen hält auch für neue philosophische Erkenntnisse und Einsichten. Religiöse Bildung lässt sich bestimmen als methodengeleitetes, sich zunehmend ausdifferenzierendes Vermögen zur Reflexion über Inhalte der Weltdeutung, der Selbstdeutung und der Lebenspraxis in bewusster Auseinandersetzung mit religiösen Symbolen, Ritualen, Texten und spirituellen Praktiken, welche sich stets offen hält auch für neue Interpretationen religiöser Traditionen. Philosophische Bildung und religiöse Bildung, von unterschiedlichen Prämissen ausgehend, zielen auf:

- eine demokratische, an Menschenwürde und Menschenrechten ausgerichtete Praxis des guten Lebens
- die konkrete Erfahrbarkeit dieser Praxis des guten Lebens in den Alltagsbezügen der Betreuung, Erziehung und Bildung von Kindern aller Altersstufen der Kindheitspädagogik
- die Offenheit von Lernenden gegenüber philosophischen, theologischen, interkulturellen und interreligiösen Fragestellungen
- die Möglichkeit der freien Selbstverortung von Lernenden hinsichtlich philosophischer und theologischer Fragestellungen
- die Möglichkeit zum Aufbau von Wertekompetenz

- Anknüpfungsmöglichkeiten an wissenschaftliche Fragestellungen der Philosophie und der Theologie."

Eine professionelle pädagogische Arbeit in Bildungsinstitutionen, die sich von Anfang an mit Vielfalt auseinandersetzt, eröffnet die Chance, Fundamentalismen entgegenwirken zu können.

Fundamentalismus

Ein religiöser Fundamentalismus zeichnet sich, so der Erziehungswissenschaften Brumlik (2016, 83), aus:

1. Durch eine Haltung gegenüber überlieferten Grundlagen einer Religion, seien es Texte und/oder mündliche Überlieferungen, die für sakrosankt erklärt werden.
2. Durch die rigorose Ablehnung einer Sichtweise, die Überlieferungen als „Ausdrucksformen historischer, menschlicher Praxen und Erfahrungen" betrachtet. Im Fundamentalismus gilt als einzige Interpretationsmöglichkeit, die Überlieferung sei authentischer Ausdruck des Göttlichen/Heiligen und ihr müsse somit unbedingte Autorität zugesprochen werden.
3. Hierbei ziehen sich fundamentalistische Interpret*innen gänzlich hinter die Überlieferung zurück, sodass ihre einseitige Interpretation aus dem Blick gerät. „Somit geht es fundamentalistischen Überzeugungen … um das dogmatische Festschreiben von Aussagen darüber, wie die Welt ist sowie – daraus abgeleitet – wie sie sein soll bzw. wie sich die Herrschaft fundamentalistischer Ausleger unterworfene Subjekte verhalten sollen."
4. Religiöse Fundamentalist*innen erweisen sich trotz ihrer Behauptung, lediglich Althergebrachtes wieder zu restaurieren, als erstaunlich technikaffin.

Brumlik (2016, 83 f.) resümiert:

„Fundamentalismen greifen mithin auf die religiöse Überlieferung zurück, die sie selektiv auslegen und dogmatisch verfestigen, um sie schließlich mit allen handhabbaren Herrschaftstechniken durchzusetzen. Anders als die Fundamentalismen und ihre Vertreter selbst sehen und glauben, handelt es sich bei ihren Weltanschauungen gerade nicht um die in der Moderne und Spätmoderne stattfindende Wiederbelebung alter und ehrwürdiger Lebensformen, sondern um ein genuin modernes Phänomen: Das erweist sich nicht nur an den so in der Antike und im Mittelalter gar nicht denkbaren

Techniken der Welt- und Menschenbeherrschung, sondern auch an der dogmatischen Festschreibung eines Weltbildes."

Kultursensible, religionssensible pädagogische Arbeit ist in allen Bildungsinstitutionen erforderlich, um Lernenden einen Ausblick zu ermöglichen auf Rassismus, Antisemitismus, Kulturalismus und Fundamentalismus.

Als erste Orientierung für die religiösen Entwicklungsschritte vom Kindes- bis zum Erwachsenenalter können die Stufen nach Fowler (2003) dienen. Fowler unterscheidet 6 Stufen und eine Vorstufe:

Vorstufe 0:	Laut Fowler ist der Glaube grundiert von primären Erfahrungen in der frühen Kindheit. Bis zum 3. Lebensjahr wirkt sich insbesondere die Erfahrung des Kindes, gehalten, geschützt, wahrgenommen zu werden, auf Bindung und Urvertrauen aus. Bereits kleine Kinder, so Fowler, prägen einen primären oder basalen Glauben (primal faith) aus.
Stufe 1:	Die erste Stufe, nach Fowler, zeigt sich bei Kindern im Elementarbereich. Fowler bezeichnet diese Stufe als intuitiv-projektiven Glauben, der stark ich-zentriert angelegt ist. Kinder zeigen sich offen für religiöse Symbole, Rituale und großen Lebensfragen. Erstes Theologisieren ist möglich.
Stufe 2:	Die zweite Stufe konnte, so Fowler, von Kindern im Grundschulalter erreicht werden. Hier herrscht ein mythisch-wörtlicher Glaube vor. Glaubenssätze werden übernommen. Fairness und Gerechtigkeit werden im Alltag eingefordert und auch für religiöse Fragen als Maßstab angelegt.
Stufe 3:	Auf der dritten Stufe kann sich bei Jugendlichen und im jungen Erwachsenenalter ein, so Fowler, synthetisch-konventioneller Glaube ausprägen, der stark beeinflusst ist von den Glaubenspositionen bedeutsamer Peers und Erwachsener.
Stufe 4:	Bereits im Jugendalter kann jedoch auch die vierte Stufe erreicht werden. Verstärkt werden eigene kognitive Dissonanzen zwischen Glaubenssätzen und wissenschaftlichen Erkenntnissen wahrgenommen. Ein individuell-reflektierender Glauben beginnt sich auszuprägen.
Stufe 5:	Im Erwachsenenalter besteht die Chance, nach Fowler, einen die kognitiven Dissonanzen verbindenden Glauben zu entwickeln. Hier kann zu einem tiefen religiösen Vertrauen zurückgefunden werden. Dem stehen dann auch wissenschaftliche Erkenntnisse nicht mehr entgegen.
Stufe 6:	Mit der sechsten Stufe bietet Fowler einen hoffnungsvollen Ausblick. Fowler stellt sich hier als religiöse Reife einen universalisierten Glauben vor. Dieser Glaube scheint ihm in religiösen Vorbildern, wie beispielsweise bei Bonhoeffer, verwirklicht. An eine religiöse Tradition gebundene Gläubige setzen sich universelle Ziele zum Wohl der Menschheit.

eigene Darstellung, NKB

Die Stufenfolge kann insbesondere für die Vorstufe 0 und die Stufen 1 und 2 hohe Plausibilität beanspruchen. Die Übergänge sind jedoch fließend und auch abhängig von sozialen Erfahrungen. Das Modell von Fowler wird ergänzt durch die Untersuchungen von Streib (2001), der in seinen Forschungen unterschiedliche religiöse Stile ausmachen konnte. Er führt hierzu aus (2001, 149):

> „Religiöse Stile sind unterscheidbare Modi praktisch-interaktiver (ritueller), psychodynamischer (symbolischer) und kognitiver (narrativer) Rekonstruktion und Aneignung von Religion, die ihren Ursprung in der Lebensgeschichte und der Lebenswelt haben und die, in zunehmender Aufeinander-Schichtung die Variationen und Transformationen von Religion über eine Lebensspanne hinweg bedingen, in Übereinstimmung mit den Stilen in zwischenmenschlichen Beziehungen." (Übersetzung NKB)

Streib (2001, 50–35) konnte empirisch fünf religiöse Stile aufweisen:

1. *Subjektiv religiöser Stil:* Aus einer stark auf das eigene Ich zentrierten Perspektive heraus werden spielerisch und variantenreich Geschichten und Bilder für religiöse Empfindungen und Vorstellungen entwickelt. Die von den Kindern verwendeten Bilder entstammen der religiösen Traditionen oder sind kreative Übertragungen aus konkreten Lebensbezügen. Es können Gottesbilder geformt werden von einem allmächtigen Gott, der alles sieht, beschämen und strafen kann.
2. *Instrumental-reziproker oder Wie-du-mir-so-ich-dir-Stil:* Nun werden Geschichten und Bilder aus religiöser Überlieferung in einem wörtlichen Verständnis übernommen. Die Ich-Zentrierung erfährt eine Öffnung gegenüber den Wünschen und Bedürfnissen anderer in Abgrenzung zu den eigenen Wünschen und Bedürfnissen. Das Gerechtigkeitsprinzip des ‚do ut des' (gib mir, damit ich dir gebe) wird aus der Lebenswelt auch auf den religiösen Bereich übertragen.
3. *Wechselseitiger religiöser Stil:* Der Einzelne sieht sich verbunden mit seinem religiös orientierten sozialen Umfeld. Die religiöse soziale Gruppe wird Quelle und Maßstab für die Interpretation religiöser Bilder und Geschichten.
4. *Individuierend-systemischer Stil:* Der Einzelne sieht sich eingebunden in verschiedene soziale Systeme, in denen er Rollen übernimmt. Gegenüber traditionellen Geschichten und Bildern für religiöse Empfindungen und Vorstellungen vermag er eine gewisse Distanz einzunehmen. Rationalität und Glauben stehen hier in einem produktiven Spannungsverhältnis.
5. *Dialogischer religiöser Stil:* Das Faktum, dass es Religion nur im Plural gibt, wird aktiv aufgegriffen. Differentes wird nicht als Bedrohung, sondern als

Bereicherung des Eigenen wahrgenommen. Ein religiöses Grundvertrauen stellt sich ein.

Streib (2001) konstatierte, dass die religiösen Stile im Lebenslauf nicht ‚überwunden' werden, sondern als Möglichkeiten erhalten bleiben. Ein dialogischer religiöser Stil bedarf einer kognitiven und psychischen Integrationsleistung, damit neue Perspektiven mit dem bisher Geglaubten in ein produktives Verhältnis gelangen und in eine Gesamtpersönlichkeit integriert werden können.

Büttner/Dieterich (2013, 83 f.) greifen das Stilmodell von Streib auf. Sie weisen auf mögliche Fehlentwicklungen hin, die sich einstellen, wenn eine kognitive und innerpsychische Integration und Vermittlung von Stilvarianten nicht geleistet werden: Dann

> „verselbständigen sie sich und führen zu erstarrten, verzerrten, lebensfeindlichen Fehlformen wie Okkultismus oder Fundamentalismus. Doch bedeutet dies nicht einfach die Rückkehr bzw. das Festhalten an einem früheren religiösen Stil, etwa dem ersten oder zweiten, denn die anderen Stile sind nun zumindest als Möglichkeiten ebenfalls präsent und nötigen zur Auseinandersetzung, wobei die Gefahr entsteht, dass umgekehrt keine Integration der differenzierten Formen gelingt, diese vielmehr abgespalten und vehement bekämpft erden (müssen). So erhält der Fundamentalismus seine rigorosen, militanten, lebensfeindlichen Züge, die in den ursprünglichen Formen dieses Stiltyps nicht vorhanden waren."

Die von Streib ermittelten religiösen Stile lassen sich insbesondere mit den ersten Stufen der Glaubensentwicklung nach Fowler verknüpfen.

Die erste Stufe, des intuitiv-projektiven Glaubens, bei Fowler Kindern unter 6 Jahren zugeordnet, entspricht dem subjektiv-religiösen Stil nach Streib. *Die zweite Stufe* konnte, so Fowler, von Kindern im Grundschulalter erreicht werden. Hier herrscht ein mythisch-wörtlicher Glaube vor, was Streibs instrumental-reziproken Stil entsprechen könnte. Auch *die dritte Stufe,* die als synthetisch-konventioneller Glaube beschrieben wird, entspricht Streibs wechselseitigem religiösen Stil, der stark auf eine religiöse Gruppe im Lebensumfeld von Jugendlichen fokussiert ist. Den Stufen zwei und drei und auch den religiösen Stilen eines mythisch-wörtlichen Glaubens und eines synthetisch-konventionellen Glaubens eignet eine Festigkeit an, die sich zur Starrheit verdichten kann.

Die erste Stufe des intuitiv-projektiven Glaubens nach Fowler und der subjektiv-religiöse Stil nach Streib, die sich insbesondere im vorschulischen Alter ausprägen, zeichnen sich demgegenüber durch ein spielerisches, kreatives Element aus. Um Verfestigung oder Erstarrung religiöser Stile vorzubeugen, sind offensichtlich Kinder im elementarpädagogischen Bereich ganz besonders gut ansprechbar, wenn man sie denn zu einem freien Austausch über religiöse Fragen einlädt.

3.11 Mit Kindern theologisieren und philosophieren

Im Folgenden zeigt ein Beispiel von Hull (1997, 20 f.) aus einer christlichen Familie, wie ein Gespräch zwischen Eltern und einem Dreieinhalbjährigen die religiöse Vorstellungswelt des Kindes bereichert und auch den Eltern einen eindrucksvollen Einblick in die besondere Weise bietet, wie ihr Kind auf der Stufe des intuitiv-projektiven Glaubens seinen subjektiv-religiösen Stil pflegt:

„Kind: Hieß der Mann Herr Vogel?
Vater/Mutter: Ja
Kind: War er ein Vogel? (lacht)
Vater/Mutter: Sah er denn aus wie ein Vogel?
Kind: Nein.
Vater/Mutter: Warum nicht?
Kind: Vögel haben Federn. (lacht)
Vater/Mutter: Und der Mann hatte keine Federn, oder? Er hatte Kleider an. (beide lachen)
Kind: Und Vögel haben Flügel.
Vater/Mutter: Ja.
Kind: Vögel sterben.
Vater/Mutter: Menschen sterben auch.
Kind: (schweigt)
Vater/Mutter: Was bedeutet ‚sterben'?
Kind: Daß man zu Gott geht.
Vater/Mutter: Wo ist Gott?
Kind: Oben im Himmel
Vater/Mutter: Aber oben im Himmel sind die Wolken.
Kind: (lacht) Nein, ich meine, wenn du aufsteigst, hoch und hoch und hoch, an den Wolken vorbei und (es spricht mit leiser hoher Stimme) weiter hoch und hoch und hoch, dann kommst du (es flüstert) zu einer ganz, ganz kleinen Hütte, und in dieser Hütte ist Gott."

Das Kind wird in seiner kreativen Vorstellungsfähigkeit durch die Fragen und Einwürfe der Eltern herausgefordert. Das Kind zeigt hier, wie Hull konstatiert, eine beeindruckende „Ausdruckskraft und Flexibilität“ (20). Einfühlsam interpretiert Hull (1997, 21 f.) diese kleine Szene:

„Dieses kleine Kind weiß sehr gut, daß es eine seltsame Bewandtnis mit dem wörtlich verstandenen Wohnsitz Gottes an einem Ort im Himmel hat, doch es kann diesen Sachverhalt nicht in Form einer logischen Abfolge von Sätzen Ausdruck geben. Mit anderen Worten, es kann nicht sagen: ‚Unter ‚Himmel‘ verstehe ich ein Symbol für das, das in absolutem Gegensatz zu dieser Erde und unserem Leben steht. Mit ‚Himmel‘ meine ich, daß Gott transzendent ist und daß die Toten irgendwie in diese Realitätsebene überführt werden.‘ Das Kind kann in diesen Begriffen weder denken noch reden, aber es lacht, als Vater und Mutter von den Wolken am Himmel reden. Warum wohl? Weil es weiß, daß sein Vater oder seine Mutter es mit dieser Frage absichtlich missverstanden haben, gleichsam zum Spaß. Seine Reaktion besteht nun nicht darin, daß es vom konkreten zum abstrakten Denken übergeht, sondern es bedient sich eines ganz konkreten Bildes und nimmt dieses ganz wörtlich. Außerdem dramatisiert es die Situation, indem es mit immer höherer, leiserer Stimme spricht und damit andeutet, daß hier die Rede von etwas ist, das über das Gewöhnliche hinausgeht, das ein bisschen merkwürdig ist und doch zugleich sehr ernst und bedeutsam, wie ein Geheimnis, das man mit jemandem teilt. Als konkreter Denker kann das Kind nicht auf die abstrakten Merkmale des Wortes ‚hoch‘ bzw. ‚oben‘ hinweisen. Es kann nur die wörtliche Bedeutung des Wortes immer weiter treiben, bis ins Extrem. Du mußt hoch und hoch und hoch gehen … Die Tatsache, daß die Hütte Gottes winzig ist, ist das konkrete Bild, die konkrete Ausdrucksweise des Kindes, für etwas, das sehr weit weg ist. Eine Hütte in der Ferne erscheint dem Auge winzig. Gott existiert sozusagen an einem Punkt in der Ferne, der so fern ist, daß er gleichsam vor dem Auge verschwindet. Dennoch steht dort eine Hütte. Das Kind kehrt immer zum Vertrauten zurück. Gott ist (irgendwie) eine wirkliche Person an einem wirklichen Ort, aber dieser Ort ist kein gewöhnlicher Ort, und Gott ist kein Mensch wie andere Menschen. Das Wort ‚hoch‘ enthält abstrakte Aspekte, doch das Kind behandelt sie auf konkrete Weise, indem es das Wort einfach ständig wiederholt.“

In dieser Szene zeigt sich darüber hinaus noch Zweierlei: Zum einen wechseln die Gesprächspartner souverän von einem heiteren Philosophieren in ein gemeinsames Theologisieren. Die Erwachsenen zeigen sich auf beiden Feldern interessiert und ermöglichen dem Kind die Verschiebung der Gesprächsebenen.

Zum anderen zeigt sich, dass das Kind im Gespräch mit kompetenten Erwachsenen mit mehrfachen Diversitäten umzugehen lernt. Die Eltern praktizieren, obwohl sie dem gleichen Glauben angehören wie ihr Kind, einen anderen religiösen Stil. Sie zeigen im Gespräch einen dialogisch-religiösen Stil, von dem man annehmen kann, dass er Elemente des individuierend-systemischen Stils umfasst. Die Frage der Eltern nach den Wolken am Himmel bringt naturwissenschaftliches Wissen ein. Dem Kind gelingt es, mit seinen kognitiven Fähigkeiten diese Form der Verschiedenheit zu bewältigen. Auch im Blick auf die innere Diskrepanz im Kind selbst zeigt es im Gespräch frühe Bewältigungskompetenz, indem es konkrete Bilder bis an die Grenzen der Konkretion heranführt. Verengt würde der Blick, wenn dieses demokratische Gespräch nicht stattfände und stattdessen das Kind mit einer Form von Dogmatismus konfrontiert wäre, die es lediglich passiv aufnehmen könnte. Theologisieren mit Kindern sollte insbesondere in elementarpädagogischen Bildungseinrichtungen zum Standard gehören.

Kinder in Kindertageseinrichtungen sollten regelmäßig eingeladen werden zum Philosophieren und zum Theologisieren oder, wie es auch bezeichnet werden kann, zu „nachdenklichen Gesprächen“ (Michalik/Schreier 2017). Hierbei geht es nicht darum, Kindern Erwachsenenvorstellungen aufzuzwingen. Die Methoden des Philosophierens und Theologisierens mit Kindern eignen sich besonders gut dazu, mit Kindern ins Gespräch zu kommen, zu dem, was sie aufgrund ihrer Alltagserfahrung bewegt. Im Vorgang des Philosophierens und Theologisierens erleben die Kinder ganz konkret ein demokratisches Verfahren. Folgende Gesprächsregeln werden von Michalik/Schreier (2017, 103) empfohlen:

1. „Alle Meinungen sind wichtig, und niemand wird ausgelacht.“
2. „Es spricht immer nur ein Kind zur Zeit, und jedem Kind wird zugehört.“
3. „Jeder hat das Recht, ungestört auszusprechen.“

Dabei ist wichtig, dass die pädagogische Fachkraft sich demokratisch, menschenrechtsorientiert, professionell moderierend in Nachdenk-Gespräche einbringt. Hier sind das Hierarchiegefälle und das Wissensgefälle selbstkritisch zu reflektieren. Der Moderator/die Moderatorin von Nachdenk-Gesprächen kann den Kindern Raum geben, ihre Gedanken und Gefühle untereinander frei auszutauschen. Undemokratische, menschenrechtswidrige Positionen, die Kinder im Sinne einer sprachlichen Versuchshandlung vorbringen, können dann situationsangemessen durch offene, weiterführende Fragen nach der Qualität des Arguments aufgegriffen oder auch durch ein selbst vorgebrachtes Argument entkräftet werden.

3.12 Demokratischer Austausch über ‚Landkarten der Bedeutung'

Um sich selbst und den anderen zu verstehen, darum sind Erzählen und Austausch wichtig. Nur auf diese Weise können ‚Landkarten der Bedeutung' füreinander geöffnet werden. Was ist im Augenblick des Erzählens bedeutsam? Die Philosophin Kristeva (1990) widmet ein ganzes Buch dem Gedanken: „Fremde sind wir uns selbst", indem sie verdeutlicht, dass die äußere ‚Figur des Fremden' immer auch auf innere Fremdheit verweist. Diese Intransparenz sich selbst gegenüber sollte man eingestehen und auch jedem anderen gegenüber. Die kluge Mahnung des Psychotherapeuten Moeller (2014, 155 ff.): „Ich bin nicht du, und weiß dich nicht", hat seine Berechtigung.

Trotz prinzipieller Intransparenz sich selbst und anderen gegenüber vermag Sprache der Verständigung zu dienen. Der verständnisorientierte Austausch über ‚Landkarten der Bedeutung' weiß um die Intransparenz und um den Wert von Verständigung zugleich. Ein einfühlsamer Austausch stellt somit ein herausragendes Element interkultureller und religionssensibler Bildung dar.

Womit fängt jemand an, wenn die eigene Biographie entfaltet wird? Was steht im Vordergrund? Was liegt oben auf? Ein Eintrag in die Landkarte der Bedeutung kann unreflektiert mittunter sogar in guter Absicht, aber mit kulturalistischem Background, erzwungen werden.

Für den Literaturwissenschaftler und Person of Color, Ijoma Alexander Mangold (2020), ist es eben nicht die dunkle Halttönung, die er an den Anfang seiner Biographie stellt, sondern sein Rufname, der Irritationen hervorruft. Er schreibt über sich:

„Wenn der Junge das Telefon abnimmt, meldet er sich mit seinem vollen Namen. … Sein zweiter Vorname, das ist seine Hoffnung, soll die Exotik seines ersten Vornamens mildern: Ijoma Alexander Mangold. Wenn man es so betrachtet, steht es eigentlich zwei zu eins für Deutschland. Aber nur, wenn es ihm gelingt, den anderen die Existenz seines zweiten Vornamens in Erinnerung zu rufen. Er dringt mit seinen Versuchen nicht wirklich durch. … Kein Zweifel, die Erwachsenen sind der Überzeugung, dass Ijoma der Name ist, der den Jungen am besten bezeichnet – obwohl alle erst einmal über diesen Namen stolpern. Das Stolpern löst bei ihm Schamgefühle aus. Das scheint die anderen nicht zu stören. Es scheint ihnen sogar ein besonderes Vergnügen zu bereiten, die unalltägliche Schönheit seines Vornamens zu preisen; wenn der Junge dem folgen wollte, müsste er sich glücklich schätzen, nicht Matthias, Andreas oder Oliver zu heißen. Er sieht das anders, sagt es aber nicht. Der Druck, das spürt er, sich zu seinem Vornamen zu bekennen, ist groß." (11 f.)

Was hätte Ijoma Alexander Mangold zu erzählen gehabt, wenn man versucht hätte, ihm zuzuhören?

In Bildungsprozessen die ‚Landkarte der Bedeutung' – die eigene und die anderer – wahrzunehmen, scheint auch heute noch sehr schwerzufallen. Hierzu ein weiteres Beispiel von Cheema/Broder (2016, 186 f.):

„Im Rahmen einer Fortbildung zum Thema ‚Umgang mit religiöser Vielfalt' an einer beruflichen Schule berichtete uns eine Lehrkraft von einer aus ihrer Sicht heiklen Situation in Bezug auf eine ihrer Schülerinnen. Die Lehrerin beschrieb die Schülerin als ‚kopftuchtragend' und ging daher davon aus, diese sei muslimisch. Die Schülerin befand sich in der Ausbildung zur Erzieherin. Im Rahmen ihres Ausbildungscurriculums stand für die junge Frau ein Jahrespraktikum in einer Einrichtung bevor und die Lehrerin hatte sie zu einem Beratungsgespräch über die Auswahl einer geeigneten Praktikumsstelle eingeladen. Im Laufe der Vorbereitung auf dieses Gespräch war der Lehrerin ein muslimischer Kindergarten eingefallen, den sie als möglichen Einsatzort für die Schülerin in Erwägung zog. Sie unterbreitete der Schülerin den Vorschlag, ihr Jahrespraktikum in eben diesem Kindergarten zu absolvieren, weil ‚… das doch so gut passen würde!'. Die Schülerin reagiert zunächst sehr verhalten auf diesen Vorschlag. Auf mehrmaliges Nachfragen und ‚Anpreisen' der Einrichtung als Einsatzort reagiert die Schülerin eher skeptisch und schließlich ablehnend. Die Lehrerin war sehr irritiert und konnte nicht nachvollziehen, warum für die Schülerin der muslimische Kindergarten als Praktikumsplatz nicht in Betracht kam. Bei der Durchsicht einer Liste mit weiteren denkbaren Einsatzorten reagierte die Schülerin dann sehr euphorisch auf die Möglichkeit, ihr Praktikum in einem Waldkindergarten zu absolvieren. Dies sei genau das, was sie sich vorgestellt habe. Die Lehrerin war über diese Auswahl erstaunt und äußerte dies auch gegenüber der Schülerin."

Die Lehrkraft liest den Konflikt in dieser pädagogischen Beratungssituation als einen ‚religiösen'. Für die Schülerin jedoch steht das Thema der Wahl eines passenden Praktikumsplatzes im Vordergrund. Hier irritieren sich gegenseitig zwei unterschiedliche ‚Landkarten der Bedeutung', die allerdings in einem Machtverhältnis zueinanderstehen. Insofern wäre es an der Lehrkraft, zunächst einen Blick auf die eigene Landkarte zu werfen, in die die ‚Figur der kopftuchtragenden muslimischen Frau' eingezeichnet ist. Von dieser Figur aus entwirft die Lehrkraft in der Beratungssituation nicht mit, sondern vielmehr für die Schülerin einen vermeintlich ‚passenden' Praktikumsplatz. Eine professionelle Selbstreflexion könnte zu einem spannenden Bildungsanlass für die Beraterin und die Schülerin werden, indem über Zuschreibungen und über die Auflösung von Zuschreibungen gesprochen wird. Auch diese Erfahrung würde ihren Platz in den jeweiligen ‚Landkarten' finden, die sich daraufhin ausdifferenzieren können.

Habermas (2005, 36) plädiert für eine Übersetzungsarbeit zwischen säkularer Sprache und religiöser Sprache:

„Die weltanschauliche Neutralität der Staatsgewalt, die gleiche ethische Freiheiten für jeden Bürger garantiert, ist unvereinbar mit der politischen Verallgemeinerung einer säkularistischen Weltsicht. Säkularisierte Bürger dürfen, soweit sie in ihrer Rolle als Staatsbürger auftreten, weder religiösen Weltbildern grundsätzlich ein Wahrheitspotential absprechen, noch den gläubigen Mitbürgern das Recht bestreiten, in religiöser Sprache Beiträge zu öffentlichen Diskussionen zu machen. Eine liberale politische Kultur kann sogar von den säkularisierten Bürgern erwarten, dass sie sich an Anstrengungen beteiligen, relevante Beiträge aus der religiösen in eine öffentlich zugängliche Sprache zu übersetzen."

Diese Übersetzungsarbeit sucht in Religionen nach Anschlüssen an Demokratie und Menschenrechten. Habermas (2005, 25) ist überzeugt, dass diese Arbeit religiösen und säkularen Staatsbürger*innen zugutekommen wird und argumentiert:

„Wenn die moralischen Gehalte von Grundrechten in Gesinnungen Fuß fassen sollen, genügt der kognitive Vorgang nicht. ... Unter Staatsbürgern entsteht eine wie immer auch abstrakte und rechtlich vermittelte Solidarität erst dann, wenn die Gerechtigkeitsprinzipien in das dichte Geflecht kultureller Wertorientierungen Eingang finden."

Die Geschichte der Entwicklung der Menschenrechte nach 1945 hat gezeigt, dass die Menschheit in der Lage war, ohne ausdrücklich aufgeführten Gottesbezug Regeln aufzustellen, die weltweit Zustimmung und Unterstützung fanden. Keine Religion kann für sich die Erfindung der Menschenrechte reklamieren. Teilweise standen Religionsvertreter den Menschenrechten sogar skeptisch bis stark ablehnend gegenüber. Um aus abstrakten Rechten jedoch in konkreten Situationen Handlungen abzuleiten, kann eine Übersetzungsarbeit säkularen Rechts in kulturelle Wertorientierungen, in die auch wiederum religiöse Wertorientierungen eingelassen sind, eine Brücke darstellen. Religionen in demokratischen Gesellschaften können somit eine bedeutende Unterstützung bei der Umsetzung der Menschenrechte sein.

4. Methodenpool

4.1 Die Konzeption als Visitenkarte einer Kindertageseinrichtung

Konzeptionen auszugestalten, gehört mittlerweile zum Standard in Kindertageseinrichtungen. Hier stellt die Einrichtung dar, welchen gesellschaftlichen Auftrag sie erfüllt, was die Kinder in der Einrichtung erwartet und worauf die Eltern sich verlassen können, wenn sie ihre Kinder der Einrichtung anvertrauen. Konzeptionen sind die öffentlichkeitswirksame Visitenkarte einer Kindertageseinrichtung. Nach innen können sie wie ein Navigationsgerät wirken, das eine Richtung und Zielmarken vorgibt. Insbesondere in der Präambel könnte prägnant zusammengefasst werden, was eine konkrete elementarpädagogische Bildungseinrichtung in einem spezifischen sozialen Umfeld, mit ihren jeweils vorfindlichen Chancen und Herausforderungen im Kern ausmachen soll.

Zuweilen wird die Möglichkeit einer Präambel für die Konzeption noch nicht vollumfänglich genutzt. Da ist man ganz allgemein für ‚Werte' wie Begeisterungsfähigkeit, Offenheit, Wärme und Geborgenheit, mitunter auch für Leistung, Lernen, Rituale. Es wundert nicht, dass dieser Wertecocktail zwar mit großer Diskussionsfreude erarbeitet wurde, um dann doch nur in einer Schublade zu verschwinden. Der Grund ist, dass es sich hier um Sekundärtugenden handelt. Keiner dieser Begriff vermag aus sich heraus, eine klare Richtung vorzugeben. Hier bedarf es der ethischen Fundierung. Zwei Begriffe ermöglichen eine ethische Basis.

Dies ist zum einen der Wert der Menschenwürde. Die Menschenwürde ist der Kern der individuellen, sozialen und kulturellen Menschenrechte und der Kern jeder UN-Rechtskonvention. Für die Arbeit in Kindertageseinrichtungen sind hier besonders wichtige Bezugspunkte die UN-Kinderrechtskonvention und die UN-Behindertenrechtskonvention.

Man mag sich eine Kindertageseinrichtung, die sich entschließen wollte, die Menschenwürde zu ignorieren, nicht vorstellen. Unter dem primären Wert der Menschenwürde bekommen oben aufgeführten Werte ein Fundament. Begeisterungsfähigkeit von pädagogischen Fachkräften ist eine sehr gute Sache, sollte jedoch nicht dazu führen, dass Kinder, die vielleicht nur für den Moment andere Prioritäten setzen, Abwertung erfahren. Offenheit ist ein wichtiger Wert, wenn es darum geht, mit Vielfalt in Kindertageseinrichtungen umzugehen. Sie endet jedoch dort, wo Eltern ihre Kinder ‚aus Spaß' mit einem T-Shirt in die

Bildungseinrichtung schicken, auf dem ein gesetzlich nicht erlaubtes rechtsextremes Symbol aufgedruckt ist. Wärme und Geborgenheit sind wichtig für die Atmosphäre einer Einrichtung, sie können aber, wenn sie nicht professionell reflektiert werden, zu Grenzüberschreitungen führen. Kinder erbringen jeden Tag Leistung, indem sie sich die Welt aktiv aneignen. Ein Leistungsbegriff, der zwingt, wirkt kontraproduktiv. Ähnlich verhält es sich mit dem Lernbegriff. Auch Rituale können alle Akteure*innen in einer Kindertageseinrichtung dabei unterstützen, den Alltag überschaubar zu gestallten. Rituale können aber auch, wenn ihnen unhinterfragt Folge zu leisten wäre, zu Zwangsinstrumenten werden.

Die Menschenwürde wird jedem Menschen von Anfang an zugesprochen. Vom ethischen Fundament der Menschenwürde aus werden ungleichheitsgenerierende Dimensionen der Intersektionalität, also Dimensionen, an denen ungerechte Ressourcenverteilung, erzwungene Lebenspraxis und Nicht-Anerkennung ansetzen können, wie beispielsweise Geschlecht, Zuschreibung einer ‚Rasse', Armut, Körperformen, Behindert-Werden, Alter, Religionszugehörigkeit und eben auch Antisemitismus, kritisierbar. Diese Dimensionen können sich überschneiden, zusammenwirken und sich gegenseitig verstärken. Eine von der Menschenwürde ausgehende Theorie der Vielfalt bedeutet mehr, als einfach nur ‚irgendwie schön bunt' zu sein. Es gibt dann Ausprägungen von Vielfalt, die die Menschenwürde stützen und Ausprägungen von Vielfalt, die der Menschenwürde nicht zuträglich sind. Den Formen von Vielfalt, die der Menschenwürde abträglich sind, können Bildungsinstitution Fachlichkeit entgegensetzen. Der Maßstab kann somit nicht diffuse ‚Toleranz' sein (Forst 2003, 675 ff.), sondern der Maßstab ist die Menschenwürde, die gewahrt werden soll.

Der primäre Wert der Menschenwürde und das Verfahren Demokratie sind untrennbar aufeinander verwiesen. Die Menschenwürde verleiht der Demokratie ihre ethische Ausrichtung und Demokratie ist die Lebensform, in der sich die Menschenwürde realisieren kann. Demokratie wird hier als Lebensform bestimmt, die weit darüber hinaus geht, dass man bei Abstimmungen die Hand hebt oder senkt. Abstimmungen sind in einer Demokratie wichtig, aber sie stellen nicht das einzige Kriterium dar. Demokratie als Lebensform zielt im Kern auf faire Aushandlungsprozesse. Demokratie ist das Verfahren, welches die Verwirklichung von Menschenwürde überhaupt erst ermöglicht, und zwar indem es auf einen „Raum der Gründe" (Forst 2015, 85 ff.), des Gebens und Nehmens von Rechtfertigungen verpflichtet.

Dies ist auch in Kindertageseinrichtungen lebbar, ganz konkret, wenn Kindern nicht etwas nur befohlen wird, sondern wenn auch Kindern aufgrund ihrer Menschenwürde Gründe nahegebracht werden, und zwar so, dass sie eine Chance haben, diese Gründe verstehen zu können, und wenn von Kindern auch ihre Gründe aufgenommen werden. Diese demokratischen Aushandlungsprozesse sind von Anfang an möglich, sie umfassen beispielsweise faire, kooperative Wickel- oder Essenssituationen, gehen bei zunehmender Sprachfähigkeit des Kindes über zu von beiden Seiten ausgehenden sprachlich begleiteten Aushandlungsprozessen. Faire, demokratische Aushandlungsprozesse spielen sich intersubjektiv ab. Beide Seiten sind an einem Aushandlungsprozess gleichermaßen beteiligt und wahren dabei ihre Menschenwürde.

Diese intersubjektiven Aushandlungsprozesse setzen sich in der gesamten elementarpädagogischen Bildungseinrichtung fort. Dabei sind sowohl basisdemokratische als auch repräsentative Formen einer gemeinsamen Willensbildung geeignet, welche die Selbstbestimmung, Mitbestimmung und Solidarität unter allen Akteur*innen der Einrichtung ermöglichen. Hierzu eigenen sich Gruppengespräche, Kinderkonferenzen, Teamgespräche, Elternbeiratsrunden, Austauschformate mit über Entscheidungskompetenz verfügenden Mitarbeiter*innen des Trägers.

Bei dieser ethischen Fundierung wird deutlich, dass in elementarpädagogischen Einrichtungen Bildung stattfindet, eine demokratische Bildung, die relevante kulturelle Hervorbringungen im Horizont von Kindern wahrnimmt und in den Horizont von Kindern einbringt, die es ermöglicht, dass sich Kinder in Freiheit damit auseinandersetzen können, und die darauf abzielt, dass im Alltagshandeln Selbstbestimmung, Mitbestimmung und Solidarität erfahren und ausgeprägt wird.

Der Bildungsbegriff rahmt die Begriffe Erziehung und Betreuung in dem Sinne, dass Erziehung und Betreuung jeweils spezifische Aspekte von Bildung hervorheben. Sowohl Erziehung als auch Betreuung antworten auf die kognitive, physische, soziale und emotionale Entwicklungsfähigkeit von Kindern: Während die Erziehung auf Aushandlungsprozesse fokussiert, die dem Kind den gesellschaftlich anerkannten primären Wert der Menschenwürde und deren Realisierung in demokratischen Prozessen nahebringen, legt die Betreuung den Schwerpunkt auf Aushandlungsprozesse, die sich auf die unmittelbaren Bedarfe von Kindern beziehen.

Natürlich macht es wenig Sinn, eine Präambel einfach nur vorzugeben. Insofern wird hier ein anderer Weg gewählt. Es wird vorgeschlagen, dass das Team einer Kindertageseirichtung sich mit wesentlichen Begriffen intensiv auseinandersetzt und zu einer gemeinsamen Formulierung findet. Die zu reflektierenden Stichworte sind:

- Menschenwürde
- Menschenrechte, Kinderrechte, Rechte für Menschen mit Behinderung

- Aushandlungsprozesse
- demokratische Verfahren
- Umgang mit Vielfalt
- ein demokratischer Begriff von Bildung, der die Begriffe Erziehung und Betreuung umgreift
- eine professionelle Auseinandersetzung mit Dimensionen, an denen ungerechte Ressourcenverteilung, erzwungene Lebenspraxis und Nicht-Anerkennung ansetzen können, wie Geschlecht, Zuschreibung einer ‚Rasse', Armut, Körperformen, Behindert-Werden, Alter, Religionszugehörigkeit und eben auch explizit Antisemitismus

In einer an der Menschenwürde und an demokratischen Prozessen orientierten Kindertageseinrichtung kann Antisemitismusprävention gelingen. Hierzu bedarf es einer Selbstklärung bei den pädagogischen Fachkräften.

4.2 Eine Frage der Haltung: Schuld, Scham, Verantwortung

Damit Antisemitismusprävention Erfolg haben kann, ist es wichtig, dass pädagogische Fachkräfte sich mit der eigenen Haltung gegenüber Antisemitismus auseinandersetzen. Dies sollte nicht in selbstquälerischer Absicht geschehen. Hier ist es wichtig, sich klarzumachen, dass eine Selbstreflexion in Bezug auf dieses Thema unerwartet heftige Gefühle auslösen kann. Wer sich als Erwachsener mit Antisemitismus befasst, für den ist die Begegnung mit der Schoah, dem Holocaust, unvermeidbar. Hier zeigte der Antisemitismus sein wahres Gesicht in seiner schlimmsten Ausprägung. Mit Sicherheit kommt die Frage (wiederum) auf: Was hat das mit mir zu tun?

In Deutschland gibt es unterschiedliche Familienüberlieferungen, je nachdem, ob die Vorfahren auf der Täter-, Profiteurs- oder Bystander-Seite standen oder ob sie auf der Seite der Opfer des NS waren. Beide Formen der Weitergabe sind, wenn auch aus unterschiedlichen Gründen, kompliziert und schmerzhaft. Auch außerhalb von Deutschland findet eine Auseinandersetzung statt und auch dort werden Familiengedächtnisse weitergegeben. Mittlerweile gibt es Studien, die sich mit Kollaboration in einer nicht auf Aufrechnung abzielenden Weise auseinandergesetzt haben. Auch außerhalb Deutschlands ist ‚Auschwitz' zu einem Symbol geworden für einen absoluten Tiefpunkt der Menschheit. Wenn man in Deutschland lebt und arbeitet, ist man in besonderer Weise gefordert, denn vom nationalsozialistischen Deutschland hat das Menschheitsverbrechen seinen Ausgangspunkt genommen. Hieraus erwächst eine besondere Verantwortung. Insbesondere in Deutschland werden berechtigte Forderungen nach Restitution geraubter Güter und berechtigte Forderungen nach Eingeständnissen begangenen Unrechts in der Vergangenheit positiv zu beantworten sein. ‚Auschwitz' ist jedoch schon längst weltweit unter Demokratinnen und Demokraten zum Symbol eines ‚Nie-Wieder' und eines ‚Wehret-den-Anfängen' geworden.

Es ist nicht leicht, gleich von einer Erinnerung an die Schoah zur Verantwortung überzugehen. Dazwischen steht eine nicht unkomplizierte Gefühlslage. Ein heftiges Gefühl, dass sich machtvoll nach vorn zu drängen scheint, wird vermutlich gar nicht selten zunächst als diffuse ‚Schuld' identifiziert und … damit gründlich missverstanden.

Es spricht viel dafür, dass es sich hier vielmehr um das ebenfalls unangenehme und doch äußerst wichtige Gefühl der Scham handelt. Hell (2018) gewinnt diesem facettenreichen Gefühl in seinem Buch „Lob der Scham" ausgesprochen positive Seiten ab. In der Scham verbindet sich die physische Seite des Menschen mit der sozialen. Hell (2018, 29) fasst zusammen: „Sie ist biologisch angelegt und wird kulturell geprägt." Die soziale Prägung nimmt der Scham nicht ihre positiven Seiten, auch nicht die Tatsache, dass immer auch die Gefahr besteht, dass es zu ungerechtfertigter Beschämung kommen kann: „Genaugenommen ist also nicht die Scham falsch, sondern falsch sind die übernommenen Werte, auf die das Schamgefühl verweist", so Hell (2018, 9).

Bindet sich jedoch die Scham an positive gesellschaftliche Wertvorstellungen wie Menschenwürde und Demokratie, dann kann das Schamgefühl sein positives Potential entfalten. Hell (2018, 8) legt dar:

> „Ich verstehe Scham als einen Sensor der Selbstachtung. Dabei können wir unsere Selbstachtung dadurch gefährden, dass wir uns vor anderen blamieren oder bei wichtigen Bezugspersonen selbstverschuldet an Glaubwürdigkeit verlieren. In einem solchen Fall spreche ich von ‚sozialer Scham'. Andererseits können wir uns aber auch vor uns selbst schämen, ohne dass andere Menschen davon wissen. Wir können uns zum Beispiel im Stillen schämen, feige gewesen zu sein und gegen eigene Wertvorstellungen von Mut oder Aufrichtigkeit verstoßen zu haben. In diesem Fall spreche ich von ‚persönlicher oder personaler Scham'."

Hell (2018, 8) zieht hieraus einen wichtigen und auch für die hier verhandelte Thematik wichtigen Schluss:

> „In beiden Fällen kann das Schamerleben als Aufforderung verstanden werden, sich zu verändern – einerseits um zwischenmenschlich und sozial kompetenter zu werden,

andererseits um vermehrt zu den eigenen Werten zu stehen … Beides setzt aber voraus, dass wir auf das Schamgefühl hören und es nicht abweisen."

Unser Schamgefühl kann uns mit dem, was uns zutiefst im positiven Sinne menschlich macht, mit unserem Selbstbewusstsein, verbinden, und zwar, wie Hell (2018, 9) es formuliert, in einem „doppelten Sinne: erstens im Sinne einer ‚reflexiven Selbstbewusstheit', eines sich selbst Erkennens, und zweitens im Sinne eines wertenden Selbstbewusstseins, eines sich selber Achtens".

Kelek (2009) berichtet von einer sehr emotionalen Erfahrung bei der Begegnung mit einem im NS als Jude verfolgten Zeitzeugen. Es gelingt ihr, die eigenen Gefühle wahrzunehmen und adäquat einzuordnen:

„Ich hatte vor fast zwanzig Jahren in dieser Frage ein Schlüsselerlebnis. Ich bin als Studentin in meiner Nachbarschaft am 9. November zu einer Gedenkstunde in die Hamburger Synagoge gegangen. Dort sprach Ralph Giordano und schilderte die Deportation seiner Familie und Nachbarn. Etwas Merkwürdiges geschah mit mir. Die Erzählung empörte mich nicht als Türkin über die Verbrechen der Deutschen, sondern ich war getroffen als Mensch. Ich schämte mich als menschliches Wesen für die Menschen, die anderen so etwas antun."

Ihre Scham bezog sich auf die eigene normative Positionierung. Angesichts des Zeitzeugenberichts wurde ihr die menschenrechtliche Dimension des Erzählten kognitiv und emotional deutlich. So musste sie den Schmerz, der in Zuhörer*innen von Zeitzeugenberichten Verfolgter der Shoah ausgelöst wird, nicht abwehren, sondern konnte ihn annehmen und auch verarbeiten.

Ausdrücklich warnt Hell (2018, 9) vor dem Verlust eines wertenden Selbstbewusstseins und der Selbstachtung: „Wenn das eine oder andere verloren geht, tritt Scham nicht mehr auf."

Scham ist nicht nur ein Fall für die Psychologie, sondern kann auch für die Pädagogik wichtig werden. Hierbei geht es keinesfalls um Beschämung, sondern vielmehr um einen angemessenen Umgang mit Emotionen, die sich in Bildungsprozessen einstellen. Die Auseinandersetzung mit dem Thema Antisemitismus fordert alle Pädagog*innen in Bildungsinstitutionen heraus. Den dabei aufkommenden Gefühlen hier aus dem Weg gehen zu wollen, im Sinne einer falsch verstandenen ‚Schuldabwehr', führt dazu, dass, wenn auch mitunter eher ungewollt, letztlich Antisemitismus verstärkt wird und sich Stück für Stück immer ein wenig mehr durchsetzen kann. Hier kann verwiesen werden auf die Items, die in der Leipziger Studie leider hohe Zustimmungswerte erzielten:

- „Es macht mich wütend, dass die Vertreibung der Deutschen und die Bombardierung deutscher Städte immer als kleinere Verbrechen angesehen werden."
- „Reparationsforderungen an Deutschland nutzen oft gar nicht den Opfern, sondern einer Holocaust-Industrie von findigen Anwälten."
- „Wir sollten uns lieber gegenwärtigen Problemen widmen als Ereignissen, die mehr als 70 Jahre vergangen sind."

Schwierige Gefühlslagen, die unweigerlich aufkommen, wenn man dem Thema Antisemitismus entschlossen und professionell begegnen will, sind unvermeidlich. Dies sollte man sich von Anfang an bewusst machen. Schwierigen Gefühlen weicht man gern aus. Hier kann es sehr hilfreich sein, die Scham ganz bewusst und selbstbewusst willkommen zu heißen. Die Scham verunsichert, aber Pädagog*innen wissen aus der beruflichen Erfahrung, dass eine produktive, nicht überwältigende Verunsicherung systematisch zu Lehr-Lern-Prozessen dazugehört, und zwar nicht nur für Lernende, sondern auch für Lehrende.

Die Scham im Hinblick auf den Umgang mit Thema Antisemitismus, welche pädagogische Fachkräfte und Lehrende im Bildungsbereich durchleben, deutet insofern nicht auf einen Verlust von Professionalität hin, sondern lässt sich im Gegenteil als deren notwendiger Ausgangspunkt bestimmen.

Scham zu empfinden, vielleicht gemischt mit diffusen Schuldgefühlen, erfordert zunächst die Anstrengung einer Sortierarbeit: Woran kann man Schuld haben? An der Schoah, weil Verwandte Schuld auf sich geladen haben? Das hieße, der Rhetorik des Nationalsozialismus auf den Leim zu gehen. Schuld ist nicht physisch übertragbar von einer Generation zur nächsten, sie lässt sich nicht körperlich vererben. Schuld ist immer an eine entscheidungs- und handlungsfähige Person gebunden, die Unrecht begangen hat oder begeht. Eine Kollektivschuld kann es nicht geben. Sie wurde auch beispielsweise von den westlichen Alliierten bei den Militärtribunalen und in Gerichtsverfahren nach 1945 gegenüber Angeklagten beim Versuch, NS-Unrecht zu ahnden, auch gar nicht behauptet. Vielmehr wurde diese Kollektivschuld-Behauptung fälschlicherweise von denen aufgebracht, die sich zurecht selber mit einer Anklage konfrontiert sahen oder diese Konfrontation befürchteten. Verurteilt wurden von westlichen Alliierten Kriegsverbrechen und Verbrechen gegen die Menschlichkeit, sofern sie auf eine persönlich zurechenbare, nachweisbar schuldhafte Handlung zurückgeführt werden konnten (Steinbach 2008). Mittlerweile wurde die Schuldfrage ausgedehnt auf jene, die sich aktiv eingebracht hatten in NS-Institutionen, deren Hauptziel auf Massenmord ausgerichtet war.

Schamgefühle beim Thema Antisemitismus zu entwickeln, ist vermutlich unvermeidlich und kann, wenn sie nicht verdrängt werden, in eine positive Richtung weiterführen. Man kann sich fragen: Warum fühle ich mich schlecht, wenn das Thema Antisemitismus aufkommt? Die Antwort könnte sein: Ich fühle mich schlecht, weil antisemitische Äußerungen nicht mit den eigenen demokratischen und menschenrechtsorientierten Vorstellungen in Einklang zu bringen sind. Oder: Ich fühle mich unwohl, weil ich selbst noch nicht in dem Maße aktiv geworden bin, wie ich es von mir selbst erwarte. Oder: Ich fühle mich schlecht und spüre meine Scham als ein empathisches ‚Fremdschämen', weil Menschen durch Antisemitismus verletzt wurden durch andere, die mit wichtigen universell gültigen Maßstäben gebrochen haben.

Pädagogische Fachkräfte sollten hier den eigenen Schuld- und Schamgefühlen auf den Grund gehen. Dies bewirkt eine Offenheit gegenüber den eigenen Gefühlen, eine erhöhte Sensibilität gegenüber den Gefühlen anderer Personen, die dadurch eine Chance erhalten, ihre eigenen Gefühle gegenüber dem Thema Antisemitismus auszuloten.

4.3 Reflexion der eigenen religiösen Lernbiographie

Für pädagogische Fachkräfte ist die Reflexion der eigenen Lernbiographie im Blick auf das Thema ‚Judentum' sehr wichtig. Die Reflexion kann beginnen, indem man einmal das Wort ‚Jude' für sich laut ausspricht. Wie fühlt es sich an? Es lohnt sich, den positiven und den negativen Gefühlen und Assoziationen nachzugehen. Falsche Schuldgefühle lassen sich als Schamgefühle rekonstruieren und annehmen. Sind in den positiven Gefühlen All-Aussagen enthalten: ‚Alle Juden sind …', so kann man konkrete Recherchen anschließen. Auch allzu positive All-Aussagen gilt es im Sinne einer realistischen Sicht auf die Vielfalt jüdischen Lebens aufzulösen, um nicht Gefahr zu laufen, unreflektiert aus einer philosemitischen Haltung in eine antisemitische hinein umzuschwenken.

Auch den negativen Gefühlen sollte nachgegangen werden. Die Vermutung ist, dass hier u. a. auch die eigene religiöse Sozialisation eine Rolle spielen könnte.

Untersuchungen von christlichen Kinderbibeln zeigen, dass die Bilderbücher und Vorlesebücher zu neutestamentlichen Geschichten allzu oft leider immer noch nicht auf dem aktuellen Stand des christlich-jüdischen wissenschaftlichen Austausches angekommen sind (Menke 2014). Eine Zusammenstellung von Studien zeigt, dass die Darstellung des Christentums leider immer noch einem Schema folgt, bei dem der christliche Vordergrund leuchtend angestrahlt und der jüdische Hintergrund in Düsternis liegend dargestellt wird. Der Gott des Alten Testaments gilt demnach als rachsüchtig, während der Gott der Christen liebend ist. Unterstellt wird, das Judentum sei nur an Gesetzen interessiert, das Christentum demgegenüber an der Freiheit. Behauptet wird theologisch inkorrekt: Der neue Bund Gottes mit Christen habe den alten Bund Gottes mit Israel ungültig gemacht, die jüdischen Pharisäer seien hartherzig, lieblos und wollten nur betrügen. Herodes wird unhistorisch als Massenmörder an Kindern gezeigt. Auch heißt es: ‚Die Juden haben Jesus getötet'. Dieser fatale ‚Gottesmordvorwurf' wird fälschlicherweise immer noch erhoben (weiterführende Literatur findet sich bei Kölsch-Bunzen 2022).

Mittlerweile haben christliche Theologinnen und Theologen all diese Vorwürfe als unzutreffend entlarvt. Eine leicht lesbare Zusammenfassung hierfür findet sich u. a. bei Hieke/Huber (2020). Leider jedoch ist dieses Wissen noch nicht in ausreichendem Maße bei den Gläubigen angekommen. Im Kindergottesdienst, in christlichen Kindergärten und Grundschulen wird weiterhin mit Kinderbibeln gearbeitet, die nicht auf der Höhe der Zeit sind (weiterführende Literatur findet sich bei Kölsch-Bunzen 2022). So werden antijudaistische Vorstellungen an die nächste Generation weitergegeben.

Hier gilt es, das eigene Wissen zu stärken, was nicht allzu kompliziert ist. Es gibt mittlerweile aufschlussreiche Literatur zu diesem Thema. Dabei ist es unerheblich, ob man sich als religiös beschreibt oder nicht. Die Kompetenz, gängigen Falschauslegungen religiöser Texte entgegentreten zu können, kann dennoch gefordert werden, denn ein Mangel an Kompetenz im Umgang mit religiösem Antijudaismus fördert Antisemitismus.

Etwas Ähnliches gilt für die muslimische religiöse Sozialisation. Auch in Koran und Sunna finden sich antijudaistische Tendenzen, denen theologisches Wissen entgegenzusetzen wäre (weiterführende Literatur findet sich bei Kölsch-Bunzen 2022).

Weder im Neuen Testament noch im Koran gehören antijudaistische Tendenzen zum Wesenskern. Das Gegenteil ist der Fall, es tut beiden Religionen nur gut, antijudaistische Texte historisch einzuordnen und zu entkräften.

Antijudaismus zu verstehen, ist deshalb so wichtig, weil sich von dort aus viele andere Anwürfe erschließen, denen Jüdinnen und Juden in Geschichte und Gegenwart ausgesetzt waren und immer noch sind. Es ist das Phantasma, das Trugbild jenseits aller Vernunft, welches sich zuerst in antijudaistischen religiösen Vorstellungen äußert. Das Bild von Judas, einem Anhänger Jesu, der ihn, so die neutestamentliche Erzählung, verrät, wird im Mittelalter weiter ausgestaltet. Nun ist Judas nicht mehr nur ein ungetreuer Jünger, sondern er wird zum Phantasma des ‚Juden Judas', der aus der damaligen christlichen Position heraus derart gefährlich ist, dass er sogar Christus selbst töten kann. Ein ‚Jude', gleichgültig ob Mann Frau oder Kind, reicht nach dieser Vorstellung aus, um das, was jeweils als das Wichtigste und Höchste galt, letztlich zu vernichten. Wer Christus zu töten vermag, dem ist ‚alles Böse' zuzutrauen und der ‚verdient' den Tod. Und so ‚glaubte' man, dass ‚Juden' kleine Christenkinder umbringen, um das Blut zu gewinnen, man ‚glaubte', dass die Pest von den ‚Juden' kam. Man ‚glaubten', dass ‚die Juden *unser* Unglück' seien. Man ‚glaubte', dass ‚die Juden' ‚die Börse' beherrschen. Antisemitismus und Vernichtungsphantasien gegen Jüdinnen und Juden gehören zusammen. Diese Zusammenhänge gilt es zu verstehen und aufzuarbeiten (weiterführende Literatur findet sich bei Kölsch-Bunzen 2022).

4.4 Ja – aber Israel?

Wenn man sich an der Menschenwürde und an Demokratie als ethische Leitsterne orientiert, ist es eigentlich nicht zu schwierig, berechtigte, faire Kritik von Israelbezogenem Antisemitismus zu unterscheiden. Deckert/Brähler (2020) werten vollkommen zurecht die folgenden Aussagen als israelbezogenen Antisemitismus:

- „Israels Politik in Palästina ist genauso schlimm wie die Politik der Nazis im Zweiten Weltkrieg."
- „Durch die israelische Politik werden mir die Juden immer unsympathischer."
- „Auch andere Nationen mögen ihre Schattenseiten haben, aber die Verbrechen Israels wiegen am schwersten."

Im ersten Fall geht es um eine unpassende und unverhältnismäßige Aufrechnung, die die Dimensionen der Schoah leugnet. Im zweiten Fall geht es um eine Gleichsetzung von Bürgerinnen und Bürgern Israels mit jüdischen Staatsbürger*innen in anderen Ländern. Diese falsche Gleichsetzung ist nur möglich, wenn man bereit ist, von einem alle Jüdinnen und Juden gleichermaßen umfassenden negativen Grundcharakter auszugehen. Im dritten Fall steht hinter dem Satz ein diffuses Raunen, dass Israel ‚irgendwie' das schlimmste aller Länder sei. Pädagogische Fachkräfte sind gut beraten, sich über die Konflikte in der Welt und somit auch über die Konflikte in der Nahostregion anhand von Nachrichten zu informieren, die aus demokratischen Quellen stammen und dem journalistischen Grundsatz folgen, nach dem eine Nachricht erst eine Nachricht ist, wenn sie von einer zweiten, unabhängigen, glaubwürdigen Quelle bestätigt wurde.

Der Staat Israel benötigt Fairness, wie jeder andere Staat in der Welt auch. Bemerkenswert ist, dass die Bevölkerung in Israel in weitaus höherem Maße Bereitschaft zeigt, gegenüber dem deutschen Staat eine offene, faire Einstellung aufzubringen, als dies bisher in Deutschland gelingt. Im Auftrag der Bertelsmann Stiftung führten Hestermann et al. (2022) eine repräsentative Studie in Deutschland und Israel durch und resümieren:

> „So denkt nur knapp die Hälfte aller befragten Deutschen (46 Prozent) positiv über Israel… Unter den Israelis dagegen sind es fast zwei Drittel (63 Prozent), die eine gute Meinung über Deutschland haben. 34 Prozent der deutschen Befragten haben dagegen eine eher oder sehr schlechte Meinung über Israel, während nur 19 Prozent der befragten Israelis schlecht über Deutschland denken." (22 f.)

Eine faire Beurteilung Israels ist eine wohlinformierte und faktenbasierte. Philosemitismus ist hier beinahe ebenso schädlich wie Antisemitismus, denn eine unreflektiert voreingenommen positive Haltung kann aufgrund der Pauschalisierung leicht in eine faktenfrei negative umschlagen. Übrigens ist auch eine uneingeschränkt positive Bewertung durchgängig aller palästinensischen politischen Gruppierungen schädlich, denn dies konterkariert geradezu Bemühungen jener palästinensischen Akteur*innen, die sich ernsthaft für Ausgleich und Frieden einsetzen.

Insgesamt gilt es auch schon für die eigene Bewertung einer politischen Situation, die man nur für sich selbst getroffen hat, und erst recht für öffentliche Solidaritätsbekundungen in Wort oder Tat, grundsätzlich menschenrechtsorientierte, demokratische politische Kräfte zu stärken und die nicht-menschenrechtsorientierten, undemokratischen realistisch als das einzuschätzen, was sie sind. Hierbei ist es auch notwendig, das eigene Schulbuchwissen einer kritischen, auf verlässlichen demokratischen Quellen basierenden Prüfung zu unterziehen (weiterführende Literatur findet sich bei Kölsch-Bunzen 2022).

4.5 Fachlich versiert handeln – antisemitische Beschimpfungen nicht übergehen

Die Beschimpfung ‚Du Jude' ist keineswegs harmlos. Dies ist auch nicht der Fall, wenn die Kinder, die einander so beschimpfen, es ja ‚nicht bös gemeint' haben und bald wieder einträchtig miteinander spielen. Sie ist auch nicht ‚harmlos', wenn gar kein jüdisches Kind betroffen ist.

Von der pädagogischen Fachkraft, die vor Ort ist, kann in einer menschenrechtsorientierten, demokratischen Bildungsinstitution hier ein klares Statement gefordert werden. Das Pädagog*innen-Team sollte sich, bevor dieser Fall eintritt, besprechen, wie hier reagiert werden kann. Wie immer dann der Einwand auch ausformuliert wird, es sollten zwei Botschaften klar eingebracht werden: Zum einen soll verdeutlicht werden, dass Erwachsene keine eindeutig diskriminierenden Beschimpfungen in der Einrichtung unwidersprochen stehen lassen, weder rassistische noch antisemitische. Zum anderen sollte verdeutlicht werden, dass das Wort ‚Jude' sich gar nicht zum Schimpfwort eignet, sondern dass es vielmehr sehr spannend ist, etwas über die jüdische Religion und jüdischen Menschen in Erfahrung zu bringen und zu lernen.

Es geht also bei einer überlegten Reaktion von pädagogischen Fachkräften darum, nicht bestimmte Worte lediglich zu verbieten. Das Ziel einer professionellen Intervention ist vielmehr, positiv zu öffnen für ein Thema, zu dem in der Bildungseinrichtung Kita bei den Kindern mit Sicherheit unterschiedliche Wissensstände vorhanden sind.

Eine Einrichtung, die über diese Reaktion auf antisemitische Beschimpfungen hinaus den Kindern nichts Weiteres zu bieten hätte, wird jedoch schnell unglaubwürdig. Denn ‚so schön' kann das Judentum nun auch wieder nicht sein, wenn keine neuen, spannenden Informationen folgen.

4.6 Vielfalt im Judentum

Ein wichtiger Beitrag zur Antisemitismusprävention liegt in der Darstellung der inneren Vielfalt. Dies arbeitet gegen die fälschliche antisemitische Vorstellung an, dass alle jüdischen Menschen über einen Einheitscharakter verfügen.

Ganz grundsätzlich sollte auf die innere Vielfalt aller Religionen hingewiesen werden. Genauso wie beispielsweise die beiden anderen ‚Buchreligionen', Christentum und Islam über verschiedene religiöse Strömungen verfügen, ist dies auch im Judentum der Fall. Es ist wichtig, das Judentum nicht als einen ‚monolithischen Block' zu imaginieren. Gegen die Vorstellung von ‚dem Judentum' kann das Wissen um die faszinierende Vielfalt jüdischen Lebens und Glaubens gesetzt werden.

Der Erziehungswissenschaftler Brumlik (2009) definiert das Judentum als „Traditionsgemeinschaft, die von einer ethisch hochsensiblen Religion geprägt ist." (Buchrückseite) Diese Zugehörigkeit zum Judentum wird durch die jüdischen Mütter übereignet. Man kann aber auch nach einem intensiven Lernprozess zum Judentum übertreten. Im Judentum gibt es keine Mission, aus dem Vertrauen heraus, dass jeder Mensch ‚ein Gerechter/eine Gerechte unter den Völkern' werden kann. Wie in anderen Religionen auch können sich im Judentum die einzelnen Menschen mehr oder weniger mit der Traditionsgemeinschaft verbunden fühlen, sie können mehr oder weniger religiös eingestellt sein.

Gegenwärtig lassen sich im Judentum folgende religiöse Haupt-Strömungen (Denominationen) ausmachen (Rosenthal et al. 2014):

- das orthodoxe/ultra-orthodoxe Judentum,
- das konservative Judentum,
- das progressive/liberale Judentum und
- das rekonstruktionistische Judentum.

Zu beachten ist hierbei: Innerhalb dieser religiösen Strömungen gibt es vielfältige Untergruppierungen. Übergänge zwischen den Hauptströmungen sind fließend. Letztlich verhilft die Einteilung in Denominationen lediglich zu einer ersten Orientierung im Judentum. Hartman (2002) greift aus dem Talmud, der ehrwürdigen Zusammenstellung von Auslegungen jüdischer Schriften und Diskussionen jüdischer Gelehrter zu allgemeinen Lebensfragen, ein Bild auf und überträgt es auf die aktuellen verschiedenen Strömungen im Judentum, die nebeneinander fließen, aufeinander zuströmen, zuweilen auch gegeneinander wogen. Er beschreibt schon im Buchtitel das Judentum in seiner inneren Konsistenz und seiner inneren Vielfalt als „A Heart Of Many Rooms" (Ein Herz mit vielen Kammern).

Angeregt von den Hauptströmungen des religiös Jüdischen gibt es im Judentum Menschen, die sich als jüdisch und zugleich als säkular verstehen, indem sie jüdische Traditionen achten, sich aber beispielsweise nicht auf einen Gottesbegriff festlegen wollen. Auch säkulare Jüdinnen und Juden bilden keine einheitliche Gruppierung, sondern leben ihr Judentum auf vielfältige Weise.

Im Folgenden werden für elementarpädagogische Bildungseinrichtungen zwei Angebote vorgestellt, die es Kindern in der Kindertageseinrichtung ermöglichen, Aspekte der Vielfalt des Judentums zu erfahren.

1. NICE TO MEET JEW! – Meet a Jew

Die Initiative Meet a Jew, so informiert der Zentralrat der Juden in Deutschland (2022a), wird von Jüdinnen und Juden unterschiedlichen Alters, unterschiedlicher Herkunft, unterschiedlicher Denomination unterstützt. Sie bieten Gespräche an. Das Hauptanliegen dabei ist: „Das aktuelle jüdische Leben durch in Deutschland lebende jüdische Menschen kennen lernen, das ist die Idee hinter Meet a Jew."

Eine Begegnung kann einfach per Internet beantragt werden. Auf der Homepage wird beschrieben, wie ein Treffen aussehen könnte:

> „Bei einer Begegnung kommen wir zu Ihrer Gruppe und erzählen aus unserem Leben, informell, unkompliziert und auf Augenhöhe. Wir geben einen Einblick in den persönlichen jüdischen Alltag, einen Überblick über die Vielfalt des aktuellen jüdischen Lebens in Deutschland und beantworten Fragen. Damit unsere Gesprächspartner verschiedene jüdische Perspektiven kennen lernen, kommen wir gerne zu Zweit." (ebd.)

Der Schwerpunkt dieser ehrenamtlichen Arbeit liegt auf der Gestaltung von Treffen mit Jugendlichen und mit Erwachsenen. Besucht werden aber auch Grundschulen und bisher noch vereinzelt auch Kindertageseinrichtungen. Hier sind noch breitere Wege zu bahnen. Anfragen auch von Kindertageseinrichtungen zeigen jedenfalls einen Bedarf an, dem entsprochen werden kann. Mit Sicherheit nimmt die Initiative Meet a Jew Anfragen für pädagogische Teamtreffen oder für Elternabende in Kindertageseinrichtungen an. All dies können wirksame Maßnahmen der Prävention von Antisemitismus in Bildungseinrichtungen sein.

2. Arbeit mit Persona Dolls®

Der Einsatz von Persona Dolls® eignet sich sehr gut insbesondere für die Bildungsarbeit in Kindertageseinrichtungen. Ursprünglich wurde der Ansatz in den USA entwickelt, um mit Kindern über Vielfalt ins Gespräch zu kommen. Mittlerweile wird die Arbeit mit Persona Dolls® auch in Deutschland durch das ‚Projekt Kinderwelten' immer bekannter. Auf der Homepage wird die Methode dargestellt:

> „Mit Kindern über Gerechtigkeit, Hänseleien und Ausgrenzung ins Gespräch kommen: Dafür sind Persona Dolls® bestens geeignet. Persona Dolls® sind Puppen mit Persönlichkeit. Sie haben einen Namen, eine Familie, ein Zuhause und sprechen bestimmte Sprachen. Sie haben ein Lieblingsgericht und mögen manches Essen überhaupt nicht,

sie machen manches gerne und kriegen manches nicht gut hin. Sie sind etwa 80 cm groß und haben genau wie die Kinder, die in Deutschland aufwachsen, unterschiedliche Haut-, Haar- und Augenfarben. Sie haben unterschiedliche Körperformen und benutzen mal ihre Beine, mal einen Rollstuhl und mal eine Gehhilfe, um sich zu bewegen. Sie leben in Familien, die genauso vielfältig sind wie die Familien der Kinder in den Kindertageseinrichtungen oder Grundschulen. Sie wachsen mit einem Vater und einer Mutter auf, leben bei alleinerziehenden Eltern, in Adoptiv- oder Pflegefamilien. Persona Dolls® repräsentieren die Vielfalt der Lebenswirklichkeiten von Kindern und bringen Kinder mit ihnen in Begegnung. Persona Dolls® besuchen Kinder in Kindertageseinrichtungen oder Grundschulen und laden sie regelmäßig zu einem Gespräch ein. Der Besuch wird vorher von der Pädagogin angekündigt. Die Kinder sitzen im Kreis und warten mit großer Spannung auf sie. Wenn die Puppe hereinkommt, werden sie sofort magisch von ihr angezogen. Wird die Puppe erst einmal vorgestellt, akzeptieren die Kinder sie schnell als Freundin oder Freund. Häufig erzählt die Persona Doll® von ihren schönen, lustigen und aufregenden Erlebnissen. Manche Erfahrungen teilen die Kinder auch, manche sind neu für sie. Sie berichten der Persona Doll® und den anderen Kindern im Gesprächskreis, welche Erfahrungen sie machen, was sie dazu wissen, denken und fühlen. Sie stellen Gemeinsamkeiten und Unterschiede fest. Sobald sie miteinander vertraut sind, erzählt die Persona Doll® auch von Erlebnissen, die mit Ausgrenzung, Hänseleien und Ungerechtigkeit zu tun haben: Wie fühlt sich die Persona Doll®, wenn sie nicht mitspielen darf, weil sie im Rollstuhl sitzt? Oder weil sie ein Mädchen bzw. ein Junge ist? Oder wenn fremde Erwachsene ungefragt immer wieder ihre Haare anfassen und dann auch noch Schokokeks zu ihr sagen? Haben die Kinder ähnliche Erfahrungen gemacht? Kennen sie das auch? Wie haben sie sich dabei gefühlt? Gemeinsam überlegen die Kinder, wie sie der Persona Doll® helfen können. Wem kann die Puppe erzählen, was ihr passiert ist? Wer kann helfen? Wie kann man das sagen? Angeregt durch die Pädagogin üben die Kinder, wie und mit welchen Worten sie sich in solchen Situationen wehren können. Mit Persona Dolls® leistet die vorurteilsbewusste Bildung und Erziehung einen wesentlichen Beitrag zu einer demokratischen Kultur des Aufwachsens. Die Methode der Persona Dolls® hat ihren Ursprung in den USA und wird unter anderem in Ländern wie Australien, England, Dänemark und den Niederlanden angewandt. Die Fachstelle Kinderwelten hat diese Methode im Jahr 2001 für Deutschland adaptiert und weiterentwickelt. Sie wird im Rahmen ihres pädagogischen Ansatzes ‚Vorurteilsbewusste Bildung und Erziehung®' umgesetzt." (Institut für den Situationsansatz 2022)

Werden Persona Dolls® in einer Einrichtung eingesetzt, empfiehlt es sich, zuvor einen der Kurse zu besuchen, die Kinderwelten mehrmals im Jahr anbietet. Hier kann die Methode geübt werden und dann obliegt es der Kreativität der pädagogischen Fachkräfte, gemeinsam mit den Kindern zu üben und zu

Persona Doll®, Design: Petra Fischer, Ethnologin M. A., Foto: Bernd Bunzen

Persona Doll®, Design: Petra Fischer, Ethnologin M. A., Foto: Bernd Bunzen

Persona Doll®, Design: Petra Fischer, Ethnologin M. A., Foto: Bernd Bunzen

lernen, wie man durch diese Methode miteinander ins Gespräch über Vielfalt kommen kann. Zur Vorbereitung kann das Buch von Azun et al. (2009) zurate gezogen werden: „Mit Kindern ins Gespräch kommen".

In englischer Sprache liegen auch bereits Ideen vor, wie eine Persona Doll® mit einem jüdischen Biographie-Hintergrund ausgestattet werden könnte. Ein Beispiel von Bowles (2004, 68 ff.) aus dem „Little Book of Persona Dolls" soll im Folgenden vorgestellt werden:

Im Buch wird zunächst in einfacher englischer Sprache die Persönlichkeit (Persona) eines Jungen namens Joseph vorgestellt. Joseph ist in dieser Geschichte schon ein Schulkind von 6 Jahren. Wenn man die Geschichte in der Kindertageseinrichtung einsetzen möchte, könnte man ihn ruhig ein wenig jünger machen, damit er die Kita besuchen kann. In dieser Geschichte hat Joseph eine jüngere Schwester. Mutter und Vater sind berufstätig. Es gibt einen schwarz-weiß-gefleckten Familienhund namens Spot, um den sich Joseph gern kümmert. Joseph hat eine Freundin, die Lily heißt. Es wird berichtet, was Joseph sich wünscht: Alle Menschen sollen gut zu Tieren sein. Seine Mutter sollte weniger im Schichtdienst arbeiten. Gern würde er Spot einmal mit in die Schule bzw. Kita nehmen. Jedoch sein Vater bezweifelt, dass dies möglich ist.

Im Leben von Joseph gibt es vieles, mit dem sich Kinder in der Kindertageseinrichtung identifizieren können. Wenn die ‚Persona Doll® Joseph' die Kinder besucht, kann sich daraus ein Gespräch ergeben, indem die Kinder zahlreiche Anknüpfungspunkte aus dem eigenen Leben zur Persona Doll® finden.

Joseph wird beinahe nebenbei, ganz undramatisch als modernes jüdisches Kind vorgestellt. Hier ist es wichtig, dass dies mit erfreulichen Aspekten verbunden wird. Erläutert werden können hier bei mehreren Besuchen der Persona Doll® in der Kita, welche Feste jüdische Familien feiern. Da gibt es den Schabbat, den Samstag, an dem man vielleicht gern die Synagoge besucht, an dem vorgekocht wurde, damit niemand aus der Familie an diesem Tag arbeiten muss. Es gibt ernste Feiertage, wie den Versöhnungstag Jom Kippur, wo man noch einmal überlegt, was im vergangenen Jahr nicht so gut gelaufen ist und was man in Zukunft besser machen möchte. Es gibt Pessach, wo auch Kinder ganz lange aufbleiben, festlich essen und viel über Befreiung und Freiheit erfahren. Es gibt die fröhlichen Feste Purim, wo man sich verkleidet, und Chanukkah, an dem man Lichter auf einem neunarmigen Leuchter entzündet und sich miteinander an einem Kreiselspiel erfreut.

Immer wieder sollte bei den Besuchen der Persona Doll® Joseph deutlich werden, dass es sich um ein Kind mit vielfältigen Erfahrungen und Interessen handelt. Die Religion sollte nicht überdeutlich im Vordergrund stehen. Diese Thematik kann immer wieder einmal eingefügt werden. Daneben können und sollen Josephs Alltagserfahrungen eingebracht werden.

Mit den Kindern können Fragen gesammelt werden, die Joseph beim nächsten Besuch gestellt werden. Es kann vieles gefragt werden. Die Kinder sollten nicht abgeblockt werden. Jedoch kann die Persona Doll® auch sagen, dass sie nicht auf alles eine Antwort hat und manches auch nicht beantworten möchte. Es ist in Ordnung, nein zu sagen. Pädagogische Fachkräfte können bei einer anschließenden Recherche helfen. Sie können auch selbst Fragen einbringen.

Antisemitische Gerüchte über jüdische Menschen sollten im Gespräch mit den Kindern nicht im Vordergrund stehen, sondern sie sollten eher indirekt behandelt werden, indem man All-Aussagen gemeinsam mit Kindern unter die Lupe nimmt. Pädagogische Fachkräfte können die antisemitischen Gerüchte über jüdische Menschen im Hinterkopf behalten und diese in allgemeine Fragen überführen. Erst wenn diese Fragen besprochen wurden, kann man den Transfer auf Joseph versuchen. So betont man das antisemitische Gerücht nicht, man widerlegt es auch nicht direkt. Das wäre auch schwer möglich, denn ein Gerücht über ‚die Juden' will nicht von der Realität gestört werden, wenn es sich erst einmal festgesetzt hat. Indirekt jedoch erarbeiten sich die Kinder auf diese Weise ein realistisches Bild, ohne dass sie unmittelbar mit falschen Gerüchten konfrontiert werden müssten.

Dass es antisemitische Gerüchte über jüdische Menschen gibt, bewahrt die pädagogische Fachkraft als Hintergrundwissen für sich. Sie eröffnet vielmehr ein Nachdenkgespräch mit den Kindern zu allgemeinen Fragen (siehe Tabelle unten) und geht dann noch kurz auf die Persona Doll® Joseph ein. Zuvor muss jedoch den Kindern genug aus Josephs Leben in mehreren Besuchen berichtet worden sein, sonst könnten die Kinder zu dieser Persona Doll® keine Aussagen machen.

antisemitisches Gerücht:	**allgemeine Frage:**	**Fragen zu Joseph en passant:**
Alle ‚Juden' sind reich.	Sind alle Fußballspieler*innen reich? Sind alle, die ein Fahrrad haben, reich? Sind alle Menschen, die eine grüne, blaue, braune Augenfarbe haben, reich?	Ist Joseph reich?
Alle ‚Juden' kann man an der großen Nase erkennen.	Kann man bei einem Kind von außen sehen, wie es ist oder was er denkt?	Kann man bei Joseph von außen sehen, wie er ist oder was er denkt?
Alle ‚Juden' sind sehr klug. (Dies ist eine philosemitische Aussage, die schnell in ihr Gegenteil umschlagen kann.)	Was ist ein kluger Mensch?	Ist Joseph klug? Ist er ganz besonders klug?
Alle ‚Juden' spielen sehr gut Geige. (Auch dies ist eine philosemitische Aussage.)	Welche Instrumente kann man spielen?	Spielt Joseph ein Instrument?
Alle ‚Juden' sind ängstlich.	Wann bin ich mutig? Wann habe ich Angst? Ist es ok, Angst zu haben?	Ist Joseph mutig? Hat Joseph Angst?

eigene Darstellung, NKB

4.7 Jüdische Kinder sind keine ‚kleinen Vertreter*innen' des Judentums

Wenn man Kultur als ‚Landkarte der Bedeutung' konzipiert, dann wird verständlich, dass jüdische Kinder in einer Kindertageseinrichtung nicht ‚das Judentum' zu repräsentieren vermögen. Jüdische Familien leben ihre Version des Judentums in vielfältiger Weise. Es trifft auch auf säkulare, christliche, muslimische Familien etc. zu, dass sie ihre religiöse Grundorientierung unterschiedlich leben. Dies kann auch innerhalb der Familien noch einmal unterschiedlich gehandhabt werden.

Die Frage einer pädagogischen Fachkraft: ‚… du bist doch jüdisch. Wie macht ihr das denn so am Schabbat in der Familie?', mag gut gemeint sein, kann aber für das Kind eine erhebliche Überforderung bedeuten. Es wird verbesondert, herausgestellt, es fühlt sich möglicherweise gedrängt, Auskunft geben zu müssen.

Kinder aus jüdischen Familien bilden keine Mehrheit in Deutschland. Einzig in Israel sind sie Mehrheitsgesellschaft, wobei jedoch 20 % der Staatsbürger*innen des Landes nichtjüdisch sind. In Deutschland gehören jüdische Kinder einer Minderheit an. Dies gilt auch für Kinder aus muslimischen Familien.

Leicht kann man als pädagogische Fachkraft aus der Mehrheitsgesellschaft in ein Wir-Ihr-Schema geraten. Es ist insofern wichtig, ein umfassenderes ‚Wir' zu gestalten. Dieses umfassendere ‚Wir' könnte so erfahrbar werden, dass alle in der Kindertageseinrichtung jeweils eine ganz spezifische ‚Landkarte der Bedeutung' ausprägen. Als pädagogische Fachkraft ist es insofern förderlich, gegenüber sich selbst, den Kolleg*innen, gegenüber allen Kindern und Eltern offen zu sein im Blick auf Äußerungen, in denen sich Hinweise finden, auf Einträge in die jeweilige ‚Landkarte der Bedeutung'. Jede ‚Landkarte der Bedeutung', die menschenrechtlich und demokratisch grundiert ist, ist willkommen. Es sollte Gelegenheiten geben, etwas hieraus mitzuteilen, es sollte jedoch kein Veröffentlichungszwang gegeben sein. Das berühmt-berüchtigte interkulturelle (zutreffender formuliert: kulturalisierende) Frühstück, bei dem jeder etwas ‚aus der Heimat' beizusteuern hat, ist ein unglückliches Beispiel und zeigt eher, wie Vielfaltskompetenz leider gerade nicht angebahnt und gefördert wird (mehr Beispiele hierzu finden sich bei: Kölsch-Bunzen et al. 2015).

4.8 Geschenke der jüdischen Religion an die Menschheit

Die jüdische Religion ist nicht im luftleeren Raum entstanden. Sie hat sich von ihrer Umwelt inspirieren lassen und diese Inspiration in ganz eigener Weise verarbeitet. Das Judentum entfaltete im Laufe der Entwicklung eine Weisheit, die die Menschheit bereichert hat. Die Vorstellung von dem einen Gott, der vielfältig bleibt, die Idee, dass die Liebe das Zentrum ist, dass ein freier Tag in der Woche das Leben bereichert, die Idee der Wiedergutmachung von Unrecht, die Vorstellung, dass man sich aus versklavenden Verhältnissen befreien kann, und die Vorstellung, dass es eine unabhängige Gerichtsbarkeit geben muss, für all dies sind im Judentum sehr bild- und symbolhafte Geschichten oder auch ganz nüchterne Gebote formuliert worden, die heute als bleibende Geschenke an die gesamte Menschheit verstanden werden können.

Alle der folgenden neutestamentlichen Zitate stammen aus der Bibelausgabe „Das Neue Testament jüdisch erklärt“ der Deutsche Bibelgesellschaft (2021). Alle Zitate aus der Torah sind der Ausgabe von Philippson (2015) in der revidierten Fassung entnommen, alle Zitate aus dem babylonischen Talmud (bT) der Goldschmidt-Ausgabe (1996).

1. Gott ist nicht fundamentalistisch

Religionen gibt es nur im Plural. Das ist ein Wissen, welches der Hebräischen Bibel vertraut ist. Sie weiß von verschiedenen Gottheiten und Himmelswesen. In der Hebräischen Bibel wird anerkannt, dass Menschen verschiedenen religiösen Vorstellungen folgen. Nur wer sich als jüdische versteht, für den wird Gott einzig. Das jüdische ‚Glaubensbekenntnis‘ lautet: „Höre Israel, Gott ist unser Gott, Gott ist eins.“ Dieser Grundsatz jüdischer Gotteserkenntnis hat sich erst langsam entwickelt.

Ein Midrasch, eine außerbiblische jüdische Lehrgeschichte, erzählt mit einem Augenzwinkern, dass auch der Vater des jüdischen Glaubens, Abraham, sich anfangs damit schwergetan hat. Er probiert Himmelköper als Gottheiten aus:

> „Als die Sonne unterging und die Sterne heraustraten, sprach er (Abraham): ‚Das sind die Götter‘. Doch als die Morgenröte aufging und er die Sterne nicht mehr sah, sprach er: ‚Ich will diese nicht anbeten, denn es sind keine Götter.‘ Darauf sah er die Sonne und sprach: ‚Dies ist mein Gott, ihn will ich verherrlichen.‘ Als die Sonne aber unterging, sprach er: ‚Sie ist kein Gott.‘ Nun sah er den Mond und sprach: ‚Dieser ist mein Gott, ihn will ich anbeten.‘ Als er aber finster wurde, sprach er: ‚Auch dieser ist kein Gott; es gibt jemanden, der sie alle in Bewegung setzt.‘“ (Ginzberg 2022, 255)

Die Vorstellung, dass Gott eins ist, wurde nicht über Nacht angenommen. Aber auch die jüdische Vorstellung von dem einen Gott bleibt vielfältig, bis heute. Das Tetragramm, das Vierzeichen, umfasst nicht Gott vollständig, sondern soll lediglich auf Gott hinweisen. Die Konsonanten JHWH leiten sich eventuell von dem Wort ‚sein‘ ab. Auf die Frage des Mosche/Moses: ‚Wer bist du?‘, ist die Antwort vieldeutig: ‚Eheje ascher Eheje‘. Dies läßt sich übersetzen mit: ‚Ich bin, der ich bin‘ bzw.: ‚Ich werde sein, der ich sein werde.‘ Das Tetragramm ist ein offenes Zeichen. Es fehlen die Vokale unter den Konsonanten und so gibt es viele

Möglichkeiten, es zu lesen. Aber eigentlich soll man es gar nicht direkt aussprechen, sondern umschreiben. Zuweilen wird dies auch in andere Sprachen übertragen und die Schreibweise des Gottesnamens kann dann auf Deutsch so gestaltet sein: G'tt. Das Wort ‚Gott' kann aber auch ausgeschrieben werden. Die Einstellung bleibt dieselbe: Gott ist nicht zu vereinnahmen.

Das hat den Sinn, dass niemand sich je aufschwingen sollte, in Gottes Namen zu sprechen und zu behaupten, dass nur diese eine Aussage die einzig richtige wäre.

Dies ist das erste Geschenk des Judentums an die Menschheit: Gott kann nur umschrieben werden, aber er lässt sich nicht vollständig erfassen. Viele Namen beschreiben Aspekte von Gott. Gott ist nicht auf ein Geschlecht festzulegen. Gott wird als ‚Unser Vater', ‚Avinu', und als ‚Unser König', ‚Malkenu', angesprochen. Aber Gott wird auch beschrieben als erlösende Kraft, dynamische Bewegung, Barmherzigkeit, Präsenz, Stärke oder als Fels (Nachama et al. 2015, 38 f.).

Gott ist in der jüdischen Religion zutiefst auf den Menschen bezogen, und zwar so, dass der Mensch als Ebenbild, ‚Zelem', gilt. Der Mensch ist Ebenbild Gottes, indem er die Erde verwaltet und indem etwas von der Kostbarkeit Gottes auf jeden Menschen übergeht. Im Talmud fragen sich die Gelehrten, warum Gott die Menschen wohl erschaffen haben mag, und finden eine Antwort, die sich erst einmal nur auf die jüdischen Menschen zu beziehen scheint. Dann aber im weiteren Text wird deutlich, dass diese Passage universell gemeint ist:

> „Der Mensch wurde deshalb einzig erschaffen, um dich zu lehren, dass wenn jemand eine jisraélitische Seele vernichtet, es ihm die Schrift anrechnet, als hätte er eine ganze Welt vernichtet und wenn jemand eine jisraélitische Seele erhält, es ihm die Schrift anrechnet, als hätte er eine ganze Welt erhalten. Ferner auch wegen der Friedfertigkeit unter den Menschen. Damit nämlich niemand zu seinem Nächsten sage: Mein Ahn (Vorfahr) war größer als deiner. … Und endlich auch, um die Größe des Heiligen (Gottes) zu verkünden; wenn ein Mensch mehrere Münzen mit einem Stempel prägt, so gleichen sie alle einander, der König der Könige aber, der Heilige (Gott), gepriesen sei er, prägt jeden Menschen mit dem Stempel des Urmenschen und doch gleicht nicht einer dem anderen. Daher muss auch jeder einzelne sagen: Meinetwegen ist die Welt erschaffen worden." (bT, Band VIII, Synhedrin 37a)

Diese antifundamentalistische Potenz reicht das Judentum als Geschenk auch an das Christentum und an den Islam weiter. Die meisten Anhänger und Anhängerinnen monotheistischer Religionen wissen diese Stärke auch durchaus zu schätzen. Aus einem menschenrechtsorientierten, demokratischen Anti-

Fundamentalismus können Religionen von dieser Haltung aus Friedenskompetenz ausprägen. So gesehen ist die antifundamentalistische Potenz des Judentum ein Geschenk an die Menschheit.

2. Gottesliebe, Nächstenliebe, Selbstliebe und Fairness gegenüber dem Feind

Liebe kann Menschen über Religionen hinweg verbinden.

In einer Geschichte aus dem Neuen Testament geht ein Torahlehrer auf Jesus zu. In anderen Texten des Neuen Testaments werden die Lehrer der Torah kritisch beschrieben, an dieser Stelle wird jedoch deutlich, wie nahe Jesus dieser Gruppierung in einer Kernaussage stand. Der Lehrer der Torah geht auf Jesus zu und spricht ihn an:

„Welches ist das höchste Gebot von allen? Jesus antwortete: ‚Das höchste Gebot ist das: „Höre, Israel, der Herr, unser Gott, ist der Herr allein, und du sollst den Herrn, deinen Gott lieben von ganzem Herzen, von ganzer Seele, von ganzem Gemüt und mit all deiner Kraft“ (Deuteronomium 6,4–5). Das andere ist dies: „Du sollst deinen Nächsten lieben wie dich selbst.“ (Levitikus 19,18) Es ist kein anderes Gebot größer als dieses.‘ Der Thoralehrer ist mit dieser Antwort vollkommen einverstanden und bestätigt: ‚Ja, Meister, du hast recht geredet! Er ist *einer*, und ist kein anderer außer ihm; und ihn lieben von ganzem Herzen, von ganzem Gemüt und mit aller Kraft, und seinen Nächsten lieben wie sich selbst, das ist mehr als alle Brandopfer und Schlachtopfer.‘ Da Jesus sah, dass er verständig antwortete, sprach er zu ihm: ‚du bist nicht fern vom Reich Gottes.‘“ (Mk 12,28–34)

Jesus zitiert hier aus der Torah.

Im 5. Buch der Torah, Deuteronomium 6,4 ff., heißt es: „Höre, Jisrael, der Ewige, unser Gott, der Ewige ist einig. Und du sollst lieben den Ewigen, deinen Gott, mit deinem ganzen Herzen und mit deiner ganzen Seele und mit deinem ganzen Vermögen. Und es sollen diese Worte, die ich dir heute gebiete, in deinem Herzen sein“.

Im 3. Buch der Torah, Levitikus 19,18, lautet der Text: „liebe deinen Nächsten, wie dich selbst: Ich bin der Ewige.“

Und auch Liebe gegenüber einem Fremden sieht die Torah vor, in Levitikus 19,33–36 heißt es: „So sich aber aufhält bei dir ein Fremder in eurem Lande, sollt ihr ihn nicht bedrücken. Wie der Einheimische unter euch soll euch der Fremde sein, der sich bei euch aufhält, und liebe ihn wie dich selbst, denn Fremde wart ihr im Lande Mizrajim: Ich bin der Ewige, euer Gott.“

Sogar dem Feind oder ‚Hasser‘ soll, so die Torah in Exodus 23,4 f., Fairness entgegengebracht werden: „So du triffst den Ochsen deines Feindes oder seinen Esel irrend an, sollst du ihn demselben zurückbringen. So du siehst den Esel deines Hassers erliegend unter seiner Last, hüte dich, es ihm zu überlassen, verlassen sollst du (den Ort) mit ihm." D.h.: Lass ihn nicht allein, sondern hilf ihm, dass er weiterziehen kann.

Das Liebesgebot, das sich auf Gott, auf den Nächsten und auf das Selbstverhältnis eines jeden Menschen zu sich selbst bezieht, kann Juden und Christen zutiefst verbinden. Es stellt keine Verminderung des Christentums dar, wenn man auf die jüdische Herkunft dieser wichtigen Sätze hinweist. Jesus nahm das Geschenk, die Torah zitierend, auf und reichte es weiter.

Die in dieser Geschichte formulierte ethische Grundposition stellt eine umfassende Liebe auch im wichtigen Konfliktfall über andere religiöse Rituale. Auf diese Geschichte beziehen sich übrigens auch die Evangelien nach Matthäus 22,34–40 und nach Lukas 10, 25–28. Auch hier weiß man sich im ethischen Kern einig. Aber es gibt auch Abwandlungen der Vorlage. So wird die Geschichte bei Matthäus und bei Lukas anders eingeleitet: In diesen beiden Evangelien wird unterstellt, man wolle Jesus „versuchen". So geht die offene Gesprächsatmosphäre, die noch im Markusevangelium spürbar ist, verloren. Außerdem wird aus dem Torahgelehrten nun ein „Lehrer des Gesetzes". Hier liegt eine Verkürzung der Torah auf einen Gesetzesbegriff vor, der auf die sukzessive Übersetzung hebräischer religiöser Schriften ins Griechische zurückzuführen ist. Die Übersetzung der Torah ins Griechische lag den Autoren der Evangelien vor. Später wurden die Übersetzungen zur Septuaginta, der Hebräischen Bibel, weiterentwickelt. In dem aktuellen, aus jüdisch-christlicher Zusammenarbeit entstandenen Buch „Das Neue Testament jüdisch erklärt", herausgegeben von der Deutschen Bibelgesellschaft (2021, 882), findet sich diese Erläuterung: „Die Septuaginta verwendet als Übersetzung des hebräischen *tora* das Wort *nomos*, das gewöhnlich ‚Gesetz' bedeutet und die Autoren des Neuen Testaments folgen der Septuaginta hierin."

Der Begriff *nomos* weist im Altgriechischen eine große Bedeutungsvielfalt auf. Er kann, so Langenscheidts Lexikon Altgriechisch (Schäfer/Zimmermann 1990, 304), mit Brauch, Sitte, Art, Gewohnheit, Gewohnheitsrecht, Grundsatz, Regel, Satzung, Vorschrift, sogar sehr poetisch mit Melodie, Lied, und Tonart übertragen werden und eben u.a. mit auch dem Begriff ‚Gesetz'.

Eine verengende Übersetzung von *torah* über *nomos* ins Deutsche hinein durch die Verwendung des Begriffs ‚Gesetz' ist nach Überzeugung des jüdischen Gelehrte Lapide (2011, 48 f.) nicht zutreffend: „Für Juden ist die Thora seit hundert Generationen eine aufregende, leidenschaftliche, aber vor allem eine liebenswerte Sache, etwas, das man genießt, über das man sich auch freuen kann, mit dem man sogar lachen darf. Denn sie ist Faustpfand der Zuversicht, wo immer Drangsal und Verfolgung droht. Man hält die Thora freiwillig, weil sie Liebe einflößt und zur höheren Menschwerdung ruft." Aus jüdischer Sicht sind der Auszug aus den versklavenden Verhältnissen in Ägypten, der Exodus, und die Gabe der Gebote am Berg Sinai eng miteinander verknüpft. Befreiung aus unterdrückenden Verhältnissen und freiwillige Bindung an gute Gebote sind in der Thora aufeinander bezogen. Sie stehen einander eben nicht diametral gegenüber, sondern bedingen einander. Lapide (2011, 49) formuliert jüdische Glaubenshaltung: „ohne die befreiende Frohbotschaft des Exodus kein Sinai der Gottesgebote. Aber ohne den Sinai mit seiner Gottesanweisung kein aktives Leben-im-Glauben."

Wenn also im Neuen Testament von der Torah als ‚Gesetz' gesprochen wird, dann hat dies nichts mit sturer Gesetzlichkeit zu tun, wie ja auch dieser neutestamentlichen Geschichte bei Markus dem freundlichen Austausch des Torahlehrers mit Jesus zu entnehmen ist. Diese neutestamentliche Geschichte vermag auch noch einmal ein anderes Licht auf die Einstellung der Torahgelehrten zu Jesu Zeiten werfen. Im ethischen Kern ihrer Haltung gab es deutliche Überschneidungen. Bei allen Unterschiedlichkeiten zwischen Judentum und Christentum, die ja auch bestehen dürfen, gibt es hier eine Übereinstimmung.

Diese Einigkeit zwischen Judentum und Christentum in einer ganz wesentlichen ethischen Grundposition sollte auch in Kindertageseinrichtungen deutlich gemacht werden.

Im so genannten babylonischen Talmud in erster Druckfassung aus dem 16. Jahrhundert, einer Zusammenstellung von Auslegungen heiliger jüdischer Schriften und Diskussionen jüdischer Gelehrter zu allgemeinen Lebensfragen, gibt es eine sehr schöne Geschichte, über die man auch mit Kindern in der Kindertageseinrichtung philosophieren und theologisieren kann, hier in einer freien Nacherzählung nach dem babylonischen Talmud (Goldschmidt 1996, bT, Band I, 521 f., bT, Schabbat 31a):

Das wichtigste Gebot

„Ein Mann wandte sich an den großen jüdischen Gelehrten, Hillel. Der Mann fragte: Wie werde ich ein guter Jude? Überhaupt: Wie werde ich ein guter Mensch? Der Mann war ungeduldig. Er wollte eine schnelle Antwort und fügte hinzu: Lieber Hillel, mach bitte keine langen Ausführungen. Sag mir das Allerwichtigste. Also, ich stelle mich jetzt auf ein Bein. Bitte antworte mir genau in der Zeit, die ich so stehen bleiben kann, ohne umzufallen. Und Hillel, dieser weise Mann, schmunzelte. Er hatte Sinn für Humor. Dies war seine Antwort:

‚Was du nicht willst, was man dir tu, das füg auch keinem anderen zu.' So, jetzt weißt du, was das Allerwichtigste ist. Alles andere ist die Erläuterung. Geh und lerne auch die."

Aufnahme der Menorah der Knesset in Jerusalem, Detail: Hillel the Elder; CC-SA, Author: Deror avi

3. Schabbat

Ein weiteres großes Geschenk des Judentums an die Menschheit ist das Angebot eines wöchentlich wiederkehrenden Tages, um Atem zu schöpfen. Nachama et al. (2015, 165) erklären:

„Der Schabbat ist Woche für Woche der wichtigste jüdische Feiertag. Er wird *jom menucha* (‚Tag der Ruhe') und *jom kedduscha* (‚Tag der Heiligkeit') genannt. *Schabbat* bedeutet wörtlich ‚aufhören', ‚einstellen': Am siebten Tag hielt Gott in seinem Schöpfungswerk inne. Die Einsetzung des Schabbats geht auf die Schöpfungsgeschichte zurück, in der es heißt: Und Gott vollendete am siebten Tag sein Werk, das er gemacht. Und Gott segnete den siebten Tag und heiligte ihn, denn an ihm ruhte er von all seinem Werk".

Im Judentum beginnt der Schabbat am Freitagabend und endet am Samstagabend. Christ*innen haben diesen Gedanken aufgegriffen und begehen den

Schabbat-Kerzen,
Foto: Bernd Bunzen

Tag der Ruhe und Spiritualität am Sonntag. Auch für Menschen, die einer anderen Religion angehören oder säkular eingestellt sind, kann der Gedanke, einmal in der Woche zur Ruhe zu kommen, ein willkommenes Angebot darstellen.

4. Wiedergutmachung durch Schadensersatz

Ein Text der Torah wird immer wieder leider völlig falsch interpretiert. Dabei ist auch die Grundidee in diesem Text ein weiteres Geschenk des Judentums an die Menschheit. Noch heutzutage wird die Maxime ‚Auge um Auge, Zahn um Zahn' so verstanden, dass hier grausam Rache genommen werden soll. Das ist nicht richtig verstanden. Im 2. Buch der Torah, in Exodus 21,23–25, heißt es nämlich: „Ist aber Schaden geschehen, so gib Leben um Leben, Auge um Auge, Zahn um Zahn, Hand um Hand, Fuß um Fuß, Brandmal um Brandmal, Wunde um Wunde, Strieme um Strieme." Die Aufforderung ‚so gib' im Sinne von ‚so ersetze' zeigt an, dass es um Wiedergutmachung geht und nicht darum, Rache an demjenigen zu verüben, der einen Schaden verursacht hat. Die auf diesen Satz folgenden Beispiele machen das deutlich: Einem Knecht, dem man ein Auge verletzt hat, soll die Freiheit gegeben werden, ebenso einer Magd, die einen Zahn verliert durch Unachtsamkeit des Arbeitgebers. Dieses so genannte Talionsgesetz beschreibt in seiner Aufzählung, die man weiter fortsetzen könnte, ein Rechtsprinzip, so Grund-Wittenberg (2020). Es ist ein Prinzip der Schadensbegrenzung eines tatsächlich entstandenen Schadens. Dieser Schaden, der von Betroffenen erlitten wurde, muss ermittelt und im Sinne einer ausgleichenden Gerechtigkeit wieder gut gemacht werden.

Die Gütersloher Kinderbibel von Klöpper/Schiffner/Heidenreich (2008) bemüht sich – im Gegensatz leider zu vielen anderen Kinderbibeln, so die Einschätzung von Menke (2014) in seiner Studie zu Kinderbibeln – sehr darum, Texte aus dem Alten (dem ehrwürdigen und nicht veralteten) Testament korrekt widerzugeben. Hier findet sich eine Übertragung des Talionsprinzips, die für Kinder verständlich ist:

> „Sorgt für einen gerechten Ausgleich!
>
> Für jeden Schaden, der entsteht, soll der oder die Schuldige geradestehen: Auge für Auge, Zahn für Zahn, wunde für Wunde. Gemeinsam mit Richterinnen und Richtern müsst ihr überlegen, wie eine Ausgleichsgabe aussehen könnte. Das, was ihr einem oder einer genommen habt, das müsst ihr zurückerstatten. Wenn ihr Gleiches nicht zurückgeben könnt – denn wer könnte schon beispielsweise ein neues Auge geben? – dann müsst ihr dafür sorgen, dass dieser Mensch trotzdem sein Leben gut weiterführen kann." (93)

Die jüdische Kindertorah (Liss et al. 2014, 85) formuliert prägnant: „Es gilt die Regel: Leben für Leben, Auge für Auge, Zahn für Zahn Hand für Hand, Fuß für Fuß, Wunde für Wunde, Beule für Beule. Derjenige, dem Schaden zugefügt worden ist, muss den gesamten Schaden ersetzt bekommen."

Außerdem fügt die jüdischen Kindertorah (Liss et al. 2014, 85) für Erwachsene, die den Text Kindern vorlesen, an: „Auge um Auge: Es ist das berühmteste und meistverkannte Gesetz der Torah, denn dabei geht es keineswegs um Vergeltung durch Körperverstümmelung, sondern um finanzielle Kompensation für den körperlichen Schaden. Es bezeichnet das Prinzip des Schadenersatzes."

5. Befreiung aus erniedrigenden Verhältnissen

Freiheit ist eine Hoffnung, die viele Menschen zu allen Zeiten begleitet hat. Das Judentum hat dieser Menschheitshoffnung, Freiheit aus erniedrigenden Verhältnissen zu erlangen, eine tiefgründige Geschichte hinzugefügt, derer alljährlich zu Pessach von Jüdinnen und Juden gedacht wird. Diese biblische Geschichte wird man nicht gerecht, wenn man sie als Life-dabei-Reportage missdeutet. Es ist eine Geschichte voll eindrücklicher Bilder, die einen gemeinsamen Aufbruch um der Freiheit willen symbolisieren, aber nicht abbilden.

Die Kindertorah (Liss et al. 2014, 52) erzählt diese Befreiungsgeschichte und erklärt dabei, warum das Pessachfest gefeiert wird:

„Und während die Kinder Israels durch die Wüste wanderten, sprach Mosche[1] zu ihnen: ‚Nun also habt ihr endlich das Land Mizrajim[2] hinter euch gelassen. Der Ewige hat euch mit seiner starken Hand aus dieser Sklaverei befreit. Ihr habt es selbst gesehen. … Dieser Tag ist sehr wichtig für euch. Deshalb sollt ihr auch kein normales Brot zu Pessach[3] essen, sondern Mazzot[4], ungesäuertes Brot (das Brot der Flucht). Vergesst diesen Tag nie, auch nicht, wenn ihr später einmal im Land Jisrael angekommen sein werdet, in einem Land, in dem Milch und Honig fließen. Jedes Jahr sollt ihr das Pessachfest feiern und sieben Tage lang Mazzot essen.'"

Die Befreiung aus der Fremdbestimmung führt in eine Freiheit, in der die Befreiten wiederum Verpflichtungen eingehen, nun jedoch nicht mehr aus Zwang, sondern aus freiem Willen: Sie werden sich an den Auszug aus Ägypten erinnern. Sie werden zurückblicken auf erzwungene Abhängigkeit, auf die Mühen der Befreiung. Sie werden sich auch mit Dankbarkeit erinnern und sie werden nach vorn schauen, darauf, wie man lernen kann, frei zu sein, um selbstbestimmt gute Bindungen einzugehen.

6. Gerechtigkeit vor Gericht

Keine Religion hat die Menschenrechte ‚erfunden'. Aber es gibt Andockpunkte, die es ermöglichen, religiöse Tradition an die Menschenrechte anzuschließen. Einer dieser wertvollen Andockpunkte ist ein Prinzip der Rechtsprechung, das sich bereits in der Torah aufzeigen lässt. Hier werden Regeln aufgestellt, die sowohl für einen guten Zeugen als auch insbesondere für eine Person, die in einer Gerichtsverhandlung Recht spricht, gelten sollen:

„Sprich nicht ein falsches Gerücht aus; verbinde nicht deine Hand mit einem Frevler, um ein ungerechter Zeuge zu sein. Folge nicht der Menge zum Bösen; zeuge nicht in einer Rechtssache, indem du dich der Menge zuneigst, das Recht beugend. … Von einem

1 Moses heißt auf Hebräisch Mosche (alle Anmerkungen im Zitat NKB).
2 Ägypten wird in der Torah Mizrajim genannt.
3 Pessach heißt das Fest zum Gedenken an die Befreiung aus Ägypten.
4 Mazza (Singular)/Mazzot (Plural) gilt in der Torah als das Brot der Freiheit. Es wird sehr schnell, ohne Sauerteig oder Backtriebmittel zubereitet.

falschen Urteil halte dich fern … Und Bestechung nimm nicht an, denn die Bestechung verblendet die Scharfsichtigen und verdreht die Worte der Gerechten." (Exodus 23,1 ff.)

Dieser Gedanke ist so wichtig, dass die Kindertorah (Liss et al. 2014, 89) ihn aufgreift und diese Anmerkung beifügt:

„Jedes Rechtssystem, so sieht es die Torah vor, muss sich auf Gerechtigkeit gründen. Hierzu gehört die Unabhängigkeit des Richters und seines Richtspruches. Grundlage für das Urteil sollen nicht Meinungen sein, sondern Kenntnis in der Sache. Nicht die Personen, über die gerichtet werden soll, bestimmen den Urteilsspruch, sondern allein die Sachlage. Dass ein Richter Geld nimmt, um zu einem günstigen Urteil zu kommen, ist ausgeschlossen. Die Unabhängigkeit des Richters wird hier sehr stark betont. Sie ist zu einem entscheidenden Grundsatz unserer Demokratie geworden, ohne den eine moderne Gesellschaft nicht vorstellbar ist."

4.9 Ein positiver Blick auf Israel

Im Demokratieindex ist Norwegen das Land, in dem Demokratie und Menschenrechte ganz besonders gründlich umgesetzt werden. Alle anderen Länder der Erde stehen dahinter zurück und müssen mehr Anstrengungen unternehmen. Israel nimmt seine Position direkt hinter den USA und Frankreich unter den stärker demokratisch herausgeforderten Ländern ein. Alle drei Staaten sind jedoch Demokratien. (Economist Intelligence Unit 2021)

Berechtigte Kritik ist angebracht, um positive Entwicklungen voranzubringen. Hier soll es um zwei positive Berichte gehen, die einen Aspekt in Israel aufzeigen, der sich für Außenstehende nicht so leicht erschließt. Im Folgenden wird je ein Beispiel aus der Bildungsinstitution Schule und ein Beispiel aus der Bildungsinstitution Kindertageseinrichtung beschrieben. Es kann gezeigt werden, wie sich in Israel die Zivilgesellschaft um ein gutes Miteinander der jüdischen Bevölkerung und der muslimisch-arabischen Bevölkerung in Israel einsetzt. Dies ermöglicht einen anderen Blick auf den Staat Israel. Es gibt Spannungen zwischen Exponent*innen aus beiden Bevölkerungsteilen. Diese werden in den Medien aufgegriffen und prägen das Bild von Israel stark. Die vielen positiven Begegnungen und Kooperationen, die sich völlig unspektakulär im Alltag ereignen, sind in aller Regel wenig bekannt.

Insofern werden zunächst einige Informationen zur muslimisch-arabischen Bevölkerung in Israel gegeben. Dann folgen kurz einige Mitteilungen über das israelische Bildungssystem. Dies ist wichtig, um die beiden Beispiele aus Schule und Kindertageseinrichtung in einen umfassenderen Kontext einordnen zu können.

Zur Situation der muslimisch-arabischen Bevölkerung in Israel: Die Botschaft des Staates Israel in Berlin (2016) veröffentlicht einige Fakten zur Situation insbesondere der muslimisch-arabischen Bevölkerung in Israel. Die Liste ist lang und wird hier auszugsweise wiedergegeben:

- „Israel ist die Heimat von etwa 1 454 000 Muslimen, die alle staatsbürgerlichen Rechte genießen …
- Die meisten arabischen Bürger Israels sind Muslime, vor allem Sunniten. Angehörige anderer Glaubensrichtungen sind Schiiten, Alawiten, Ahmadiyya, Sufis und Shzaliyya. Der Islam ist die Religion mit den zweitmeisten Angehörigen nach dem Judentum.
- Juden machen etwa 75,4 % der Bevölkerung aus, Muslime 16,9 %, Christen 2,1 %, Drusen 1,7 %. Die übrigen knapp vier Prozent haben gar keines oder ein anderes religiöses Bekenntnis, dazu gehören etwa die in Israel lebenden Bahai.
- Die muslimische Bevölkerung in Israel hat sich seit Staatsgründung etwa verzehnfacht; 1948 waren es 156 000 Muslime, heute sind es 1 454 000.
- Es gibt mehr als 400 Moscheen in Israel, 73 davon befinden sich in Jerusalem. Die Zahl der Moscheen in Israel hat sich seit 1988 etwa verfünffacht, damals gab es nur etwa 80 Moscheen.
- Etwa 300 Imame und Muezzine erhalten ihre Gehälter von der israelischen Regierung. Israel stellt die Korane zur Verfügung, die in Moscheen verwendet werden und finanziert arabische Schulen und viele islamische Schulen und Colleges. Solche Schulen unterrichten Islamstudien und Arabisch, ebenso wie das allgemeine Curriculum des israelischen Erziehungsministeriums. …
- Innerhalb der muslimischen Gemeinschaft werden Heirat und Scheidung nach islamischem Recht geregelt. Acht regionale islamische Gerichte und ein nationales Berufungsgericht sind in Israel unter der Oberaufsicht des Justizministeriums tätig.
- Muslime sind sehr aktiv an den israelischen Hochschulen, es gibt etwa 26 000 muslimische Hochschulstudierende. 2014 waren etwa 21 % der B. A.-Studierenden am renommierten Haifaer Technion Araber, 2001 waren es lediglich 11 %. Dies entspricht in etwa dem arabischen Bevölkerungsanteil. …

- Mit 69 % lebt der überwiegende Teil der Muslime im Norden des Landes, in Galiläa und Haifa. Etwa 20 % leben in und um Jerusalem, und 11 % der israelischen Muslime sind Beduinen, die vor allem im Süden, im Negev und der Region um Beer Sheva leben.
- Jedes Jahr dekoriert die Jerusalemer Stadtverwaltung die Straßen der Stadt während des Ramadans und veranstaltet dutzende Events für die Öffentlichkeit. …
- Muslimische Arbeitnehmer können während des Ramadan frei nehmen, die Arbeitsbedingungen sind an ihre Bedürfnisse während des Fastens angepasst. …
- Die Dachorganisation Interreligiöser Koordinationsrat in Israel (ICCI) bietet seit beinahe drei Jahrzehnten Programme an, die Dialog, Bildung und gegenseitiges Verständnis zwischen den Mitgliedern der verschiedenen Religionsgemeinschaften in Israel fördern sollen. Mehr als 70 muslimische, christliche und jüdische Institutionen, darunter jüdisch-arabische Organisationen, Universitäten und Museen bilden diesen Rat."

Grundinformationen zum Bildungssystem in Israel: Das Bundesministerium für Wirtschaft und Klimaschutz (2022) gibt unter der Rubrik „Länder und Berufsprofile" einen knappen Überblick über das israelische Bildungssystems.

„Das nationale Bildungssystem, das zentral organisiert ist, besteht aus 5 Stufen: die vor-primäre, primare, sekundäre, postsekundäre und die Hochschulbildung. Aufgeteilt ist es in 6 Jahre Grundschule (Klasse 1–6), 3 Jahre Sekundarstufe I (Klasse 7–9) und 3 Jahre Sekundarstufe II (Klasse 10–12). Es gibt getrennte Schulen fur die jüdischen und arabischen Gemeinden, aber die arabischen Schüler/innen können auch die jüdischen Schulen besuchen. Seit 1978 gilt die Schulpflicht vom 5. bis zum 16. Lebensjahr. Die Primar- und Sekundarbildung wird in Israel in verschiedene Schultypen unterteilt. Je nach weltanschaulicher Ausrichtung der Schulen variieren die Curricula, jedoch müssen alle öffentlichen Schulen einen einheitlichen Rahmenlehrplan bereitstellen. Dieser wird dann ergänzt durch Themen für die jeweilige (religiöse) Zielgruppe.

Die Schulen des öffentlichen Sektors umfassen:

- die non-religiösen (weltlichen) Schulen, die das vom Bildungsministerium festgelegte staatliche Bildungscurriculum auf Hebräisch anbieten
- die orthodoxen Schulen, die eine staatlich-religiöse Erziehung auf Hebräisch anbieten, mit größerer Aufmerksamkeit auf die Religion und jüdische Kultur in Verbindung mit dem nationalen Lehrplan

- die arabischen Schulen, die das staatliche Curriculum auf Arabisch anbieten, in Kombination mit einer stärkeren Fokussierung auf arabische Geschichte, Kultur und Glauben.
- Dazu kommen noch die ultraorthodoxen Schulen, die privat organisiert sind, aber staatlich finanziert werden."

Das israelische Bildungssystem ist stark von dem Gedanken inspiriert, die kulturelle und religiöse Identität unterschiedlicher Gruppierungen der Bevölkerung zu schützen. Diese identitätspolitische Ausrichtung bringt die Problematik mit sich, dass Israelische Kinder wenig Gelegenheit haben, einander in aller Vielfalt, die das Land zu bieten hat, gut kennenzulernen. Nicht selten begegnen sie einander im Bildungssystem erst als junge Erwachsene. In der Zivilbevölkerung entwickeln sich daher Initiativen, die staatlicherseits auch aufgegriffen werden, um jüdisch-israelischen und muslimisch-arabisch-israelischen Kindern zu einem früheren Zeitpunkt in ihrem Leben die Gelegenheit zu bieten, Vielfaltskompetenz im Bildungssystem auszuprägen. Hier sind Didaktik und Methodik noch herausgefordert. Über viel Erfahrung jedoch verfügt man in Israel, Kinder und Jugendliche mit jüdischem Hintergrund aus vielen Teilen der Welt, die nach Israel einwandern, in das Bildungssystem zu integrieren.

Die beiden im Folgenden in Kurzform dargestellten Initiativen stehen für weitere gemeinsame Bildungsanstrengungen in Israel. Gerade für pädagogische Fachkräfte in deutschen Kindertageseinrichtungen lohnt es sich, von diesen Ansätzen zu erfahren. Über die israelische Botschaft und über die Deutsch-Israelische Gesellschaft ist es möglich, Kontakt zu einer Bildungseinrichtung in Israel, die sich dem Thema Vielfaltskompetenz in Kindertageseinrichtungen widmet, aufzunehmen.

Auch mit der Methode Persona Doll® könnte man arbeiten und beispielsweise zwei Persona-Doll®-Figuren in die Kindertageseinrichtung ‚einladen'. Hier könnte eine Persona Doll®, die mit einer jüdisch-israelischen Identität ausgestattet wird, mit einer Persona Doll®, die mit einer muslimisch-israelischen Identität ausgestattet wird, von ihrer Kindertageseinrichtung in Israel erzählen. Im Zentrum dieser Persona-Doll®-Geschichte sollte die Nachricht stehen, dass aufgrund zivilgesellschaftlichen und auch staatlichen Engagements jüdisch-israelische Kinder gemeinsam mit muslimisch-israelischen Kindern eine Kindertageseinrichtung besuchen können und dass sie von pädagogischen Fachkräften, die in multiprofessionell und multikulturell zusammengesetzten Teams arbeiten, dabei unterstützt werden, kultur- und religionssensible Bildungserfahrungen zu machen.

1. Hand-in-Hand-Kindergärten und Hand-in-Hand-Schulen in Israel

Die Journalistin Fazekas (2022) aus Tel Aviv berichtet über Hand-in-Hand-Schulen in Israel, denen auch Hand-in-Hand-Kindergärten angeschlossen sind:

„In der Hand-in-Hand-Schule in Jerusalem sitzen arabische und jüdische Kinder nebeneinander und lernen zweisprachig. …Tulip und Ayelet sind beste Freundinnen. Die beiden Elfjährigen kennen sich schon seit dem Kindergarten. Heute sitzen sie in allen Schulstunden nebeneinander.

Kein Wunder, dass die beiden dieselben Fächer mögen oder dass die eine loskichert, sobald die andere etwas sagt. … Tulip ist Araberin und Ayelet ist Jüdin. …

Vom Kindergarten an lernen arabische und jüdische Kinder hier gemeinsam – und zwar abwechselnd auf Hebräisch und Arabisch.

… Unter den 700 Schulkindern sind neben Muslimen und Juden auch Christen und einige Kinder, deren Familien zur Religionsgemeinschaft der Drusen gehören. Daher gibt es neben den üblichen Fächern auch Kurse zu den unterschiedlichen Religionen. …

Tulip und Ayelet sind sehr zufrieden mit ihrem Alltag, auch wenn er etwas anstrengender ist als an den staatlichen Schulen mit dem vielfältigen Religionsunterricht, dem doppelten Sprachunterricht und dem ausführlichen Geschichtsunterricht, der keine einseitige Sicht auf die konfliktreiche Geschichte des Landes vermitteln möchte, sondern beide Perspektiven berücksichtigt.“

2. Ein Interview mit einer pädagogischen Fachkraft in einer arabisch-jüdischen Kindertageseinrichtung in Israel

Der Journalist Kashi (2021) führte ein Interview durch mit Ella, einer pädagogischen Fachkraft in einer staatlichen, arabisch-jüdischen Kindertageseinrichtung in Israel. Das Interview wird hier gekürzt wiedergegeben. Die Namen sind pseudonymisiert und die Orte sind anonymisiert.

Ella berichtet, dass sie seit einem Jahr als zweite Pädagogin im arabisch-jüdischen Kindergarten arbeitet. Neben der Ausbildung zur Pädagogin hat sie zusätzlich einige Jahre Psychologie studiert. Über ihre derzeitige Stelle sagt sie: „An den arabisch-jüdischen Kindergarten kam ich eher zufällig. Ich hatte davor noch nie etwas von ihm gehört. Bei der Einstellung fragte man mich, ob ich ein Problem damit hätte, an einer arabisch-jüdischen Einrichtung zu arbeiten. Ich sah darin kein Problem. Ich bin sehr froh, dass ich hier gelandet bin. Ich denke, das gibt meiner Arbeit einen zusätzlichen Wert. Es ist auch eine Herausforderung, aber ich fühle mich hier sehr wohl.“

Der Kindergarten wurde zunächst als private Elterninitiative gegründet. Mittlerweile ist er staatlich geführt. Diesen Kindergarten besuchen derzeit 34 Kinder im Alter von 2–6 Jahren.

Ella: „In unserem Kindergarten arbeiten zwei ausgebildete Kindergärtnerinnen und eine Hilfskraft. Samira, eine arabische Muslima ist die Leiterin des Kindergartens, ich bin zweite Kindergärtnerin und Maryam, eine christliche Araberin, arbeitet als Hilfskraft. Außerdem haben wir gerade noch eine Betreuerin im Team, die sich hauptsächlich um ein Kind mit einem besonderen Betreuungsbedarf kümmern soll. Sie arbeitet aber auch in anderen Bereichen des Kindergartens mit uns zusammen."
Frage: „Welche Werte möchtest Du im Kindergarten vermitteln und welche Art von Pädagogik ist Dir wichtig?"
Ella: „Ich will, dass sich die Kinder sicher, geliebt und zugehörig fühlen. Sie sollen wissen, dass sie sich jederzeit an die Erwachsenen wenden können. Sie sollen das Gefühl haben, hier etwas lernen zu können. Und natürlich sollen sie ihre Zeit im Kindergarten auch genießen."
Frage: „Wie ist das am Anfang, wenn die Kinder neu in den Kindergarten kommen? Wie verhalten sie sich zueinander?"
Ella: „Am Anfang des Jahres – wie in jedem Kindergarten – beginnt ein Prozess der Gruppenbildung. Viele Kinder verbringen einen Großteil der Zeit mit ihren Freundinnen und Freunden, die sie vielleicht von zu Hause kennen. Auch ist es für die Kinder am Anfang natürlich einfacher, mit Kindern zu spielen, die die eigene Muttersprache (arabisch oder hebräisch) sprechen. Mit der Zeit öffnen sie sich jedoch auch den anderen Kindern. Sie brauchen oft ein bisschen Zeit, um sich selbst der Unterschiede und Gemeinsamkeiten zu den anderen Kindern bewusst zu werden."
Frage: „Welche Rolle spielen Dimensionen, an denen sich Ungleichheit herstellen lässt. Wie gehen die Kinder mit diesen Dimensionen der Intersektionalität um?"
Ella: „Es fällt mir nicht so einfach, darüber zu sprechen, denn eigentlich sind wir ein ganz normaler Kindergarten. Wir sprechen nicht viel über unsere Unterschiede und Identitäten. Die Kinder sehen mich, Samira und Maryam als Team zusammenarbeiten. Wir verstehen uns gut und sind damit auch ein Modell für die Kinder, was das Zusammenleben angeht. Im Kindergartenalltag geben wir uns große Mühe, dass alle Sprachen und Kulturen gleichberechtigt behandelt werden. Das ist nicht immer einfach: Beim Basteln können wir die Kinder in zwei Sprachen anleiten, aber wie macht man das beim Bücherlesen? Jedes Buch ist in einer bestimmten Sprache geschrieben, die nicht alle verstehen. Unsere Lösung ist, dass wir den Kindern im Lesekreis die Bücher erstmal in der Sprache vorstellen, in der sie ursprünglich geschrieben wurden. Dann lesen wir die Bücher noch einmal vor und übersetzen einzelne Teile. Die Kinder und ich machen dabei sehr ähnliche Erfahrungen. Ich verstehe die arabischen Bücher ja auch nicht, ver-

suche mir über die Illustrationen sowie die Gesten der Kindergärtnerin den Inhalt zu erklären. Mittlerweile verstehe ich bereits einzelne Wörter."

Auf die Frage nach dem Umgang mit Konflikten berichtet Ella:

Ella: „Innerhalb des Kindergartens verläuft der Alltag und die Zusammenarbeit harmonisch. Wenn es Konflikte gibt, dann kommen die von außen in den Kindergarten rein. Es gab z. B. ein arabisch-palästinensisches Lied, dass manche arabische Kinder auf einem Ausflug sangen. Ich selbst habe die Wörter nicht verstanden, aber es gab dort wohl ‚unschöne' Elemente. Da haben wir uns zusammengesetzt und gesprochen, über Respekt und das Verhältnis zueinander. Ein anderes Mal gab es einen Konflikt um die israelische Flagge. Als staatlicher Kindergarten sind wir verpflichtet, bestimmte Inhalte an die Kinder zu vermitteln. Und am Eingang eines staatlichen Kindergartens muss auch eine israelische Flagge hängen. Bei uns hängt die Flagge in unserem Versammlungszimmer. Irgendjemand hat diese Flagge fotografiert und hier gab es anschließend eine große Diskussion, warum dort zwar eine israelische aber keine palästinensische Flagge hinge? Oder ob man nicht komplett auf Flaggen verzichten könne? Dieser Konflikt kam von außerhalb des Kindergartens zu uns."
Frage: „Wie geht ihr sonst mit den unterschiedlichen Feiertagen um? Z. B. dem jüdischen Chanukkah-Fest, wo es um die Wiedereinweihung des jüdischen Tempels vor über 2000 Jahren geht. Wenn man an die immer wiederkehrenden Spannungen um den Tempelberg in Jerusalem denkt, ist das nicht so einfach, oder?"

Ella berichtet von einem großen Engagement der pädagogischen Fachkräfte, Problemlösungen auszuprobieren:

Ella: „Chanukkah haben wir dieses Jahr groß gefeiert, allerdings nach sehr ausführlichen Diskussionen bei uns im Team. Letztes Jahr hatte der Kindergarten nämlich bei den Feierlichkeiten auf viele Symbole des Chanukkah-Festes verzichtet. Stattdessen stand ‚Santa Claus' im Mittelpunkt, der Geschenke an die Kinder verteilte. Das ärgerte allerdings viele jüdische Eltern, weil sie fanden, dass die Symbole des Jüdischen zu kurz kamen. Dieses Jahr haben wir daher zwar die Chanukkah-Kerzen am entsprechenden Leuchter entzündet, dabei allerdings nicht den normalen Segenspruch gesprochen. Stattdessen erfanden wir für jede Kerze einen neuen hebräischen und arabischen Segensspruch, in dem es um Freundschaft, Liebe oder andere Werte ging, die uns für das Zusammenleben wichtig erscheinen. Zusätzlich lasen wir einen Koranvers vor, der mit dem Geburtstag des Propheten Mohammed zusammenhängt. Und für die Christen lasen wir aus dem NT von der Geburt Jesu. Außerdem organisierten wir wieder Lieder und Tänze, die mit den verschiedenen Feiertagen zusammenhängen. Als jüdischen Tanz führen wir ‚Sevivon Sof Sof Sof' auf, das ist ein Lied, dass mit dem traditionellen Chanukkah-Kreisel zusammenhängt. Und wir sangen ‚Banu Shoshech Legaresh „ da geht es darum, wie das Licht die Dunkelheit vertreibt. Als christliches Lied spielten wir ‚Jingle Bells ,. Die Kinder trugen rote Mützen und bekamen Glocken. Und Samira wählte ein entsprechendes moslemisches Lied, zu dem die Kinder tanzten. Die Wahl des Tanzes, den die Kinder vorführten, geschah dabei unabhängig von der Religionszugehörigkeit des jeweiligen Kindes."

Frage: „Wie versucht ihr, den Kindern demokratische Werte zu vermitteln?"

Ella: „Das geschieht auf vielen Ebenen. Erstmal bestimmen die Kinder selbst, welches Spiel sie spielen, was sie basteln oder mit welchen Materialien sie arbeiten wollen. Parallel zu den Parlamentswahlen haben wir im Kindergarten Wahlen abgehalten. Die Kinder durften abstimmten, was für eine neue Spielecke im Kindergarten eröffnet wird. ... Auch bezüglich der Aktivitäten in der Sommerferienzeit gab es Wahlen. Wir versuchen, die Kinder, soweit es geht, in Entscheidungsprozesse einzubeziehen und ihre Wünsche zu berücksichtigen. Natürlich gibt es Regeln, die wir einhalten müssen. Aber dennoch gibt es viel Raum, wo die Kinder Mitbestimmungsmöglichkeiten haben."

Frage: „Wie versucht ihr Streit unter den Kindern zu lösen? Unabhängig von ethnischer Herkunft etc."

Ella: „Wir setzen uns zusammen. Ich höre mir beide Seiten an und frage die Kinder, ob ihnen selbst eine Lösung einfällt. Heute gab es einen Konflikt zwischen zwei Kindern, wer das Spiderman-Kostüm erhält. Der eine Junge sagte, er hatte es als erstes in der Hand, aber der andere meinte, er hätte es als erstes gesehen. Wenn die Kinder sehr aufgebracht sind, frage ich sie, wie sie sich fühlen, was sie besonders stört, etc. Wenn man erstmal zusammensitzt, beruhigen sich die Gemüter meist schnell und die Kinder finden dann selbst eine Lösung. In Ausnahmefällen bestimme ich, wie das weitere Vorgehen aussieht."

Frage: „Wie integriert ihr die Eltern in den Kindergarten?"

Ella: „Eine Schwierigkeit besteht darin, dass viele Kinder nicht hier, sondern in anderen Ortschaften wohnen. ...Es gibt einen Fahrservice, der die Kinder hierherbringt, sodass wir viele Eltern gar nicht oder sehr selten sehen. Die Hauptkommunikation mit den Eltern läuft über die Leiterin des Kindergartens und nicht über mich. Also sehe ich viele Eltern nur bei den Elternabenden. Wenn die Eltern hier leben würden, würden wir sie mehr einbinden, aber wir möchten auch nicht die Eltern ausgrenzen, für die es schwer ist, hierherzukommen. Dennoch denken wir viel darüber nach, wie wir die Eltern integrieren können. Manchmal organisieren wir gemeinsame Ausflüge. Letztes Jahr haben wir bei einem Ausflug mit den Kindern Oliven gepflückt, da waren die Eltern mit dabei. Auch zum ‚Fest der Feste' wurden die Eltern eingeladen und ein Vater zündete eine der Chanukkah-Kerzen an. Manchmal bieten sich Eltern selbst an, in den Kindergarten zu kommen. Das nehmen wir gerne an. Eine äthiopisch-stämmige Mutter bot uns letztes

Jahr an, mit den Kindern das Sigd-Fest[5], zu feiern. Wir luden sie ein und sie führte eine schöne Aktivität durch."

4.10 Positive Aussagen über jüdische Menschen im Koran

Im Koran finden sich neben negativen Aussagen über zu Mohameds Zeiten als Feinde betrachtete jüdische Stämme auch ausgesprochen positive:

- So werden Jüdinnen und Juden im Koran als ‚banu Isra'il', Kinder Israels, geehrt.
- Die Wertschätzung im Koran bezieht sich auch auf die Torah: „Wahrlich, Wir sind es, die von droben die Torah erteilt haben, in der Rechtleitung und Licht war.", heißt es in Sure 5,44 in der Übersetzung ins Deutsche von Muhammad Asad (2015).
- Die Sure 2,47 preist die Kinder Israels: „O KINDER ISRAELS! Gedenkt jener meiner Segnungen, mit denen ich euch begnadet habe".
- Juden gelten im Koran aufgrund ihre Wertschätzung gegenüber den heiligen Texten in positiver Weise als Leute der Schrift.
- Im Koran wird Abraham geehrt: „Abraham war … einer, der sich von allem abwandte, was falsch ist, da er sich Gott ergeben hatte". (Sure 3,67 f.)

Auch die Verheißung von Land an die Kinder Israels wird zustimmend aufgegriffen. Der Koran erinnert an den Exodus, den Auszug aus der Knechtschaft in Ägypten, bei dem Gott, der religiösen Überlieferung zufolge, Pharaos Streitkräfte strafte und den Befreiten Land zuwies. Die Landverheißung Gottes an die ‚banu Isra'il' wird im Koran positiv vermerkt:

> „Und so verhängten Wir unsere Vergeltung über sie … während Wir den Leuten, die (in der Vergangenheit) für gänzlich niedrig erachtet worden waren, die östlichen und westlichen Teile des Landes, das Wir gesegnet hatten, zum Erbe gaben. Und (also) wurde das gute Versprechen deines Erhalters an den Kindern Israels erfüllt infolge ihrer Geduld in Widrigkeiten". (Sure 7,136 f.)

5 Das Sigd-Fest ist ein Fest äthiopischer Juden. Sie gedenken der Annahme der Torah und auch der Erfahrungen von Verfolgung durch Christen (Anmerkung NKB).

Auch die Aufforderung zur Fairness gegenüber ‚Feinden' ist geeignet, jüdische, muslimische und auch christliche Gläubige miteinander zu verbinden. In Sure 41,34 heißt es: „Aber (da) Gut und Übel nicht gleich sein können, wehre du (Übel) mit etwas ab, das besser ist – und siehe!, der, zwischen dem und dir selbst Feindschaft war, (mag dann werden) als ob er (dir immer) nahe gewesen sei, ein wahrer Freund!"

Es gibt in der Torah einen Text zum Umgang mit einem ‚Feind' – wie es im Originaltext (2. Buch der Torah, Exodus 23, 4 f.,) heißt. Über diesen kurzen auch wieder sehr bildhaften Text kann man mit Kindern philosophieren und theologisieren. Hier kann auch eine Parallele zum Korantext Sure 41,34 gezogen werden. Die Kindertorah (Liss et al. 2014, 89) erzählt es so:

> „Angenommen, du triffst auf dem Feld einen Ochsen von jemandem, mit dem du im Streit lebst, und du siehst, dass das Tier sich verirrt hat, dann geh trotzdem hin, nimm den Ochsen und bring ihn zurück. Angenommen, du siehst, wie der Esel von jemandem, mit dem du in Streit lebst, unter seiner Last schwer zu tragen hat und beinahe zusammenbricht, dann geh und hilf dem Tier mit seiner Last."

4.11 Auf jüdische Feste hinweisen

Es ist nicht sinnvoll, jüdische Feste in einer Kindertageseinrichtung, die sich nicht in jüdischer Trägerschaft befindet, ‚nachzufeiern'. Jüdische Feste leben davon, dass sie mit Familienangehörigen und Gemeindemitgliedern gemeinschaftlich begangen werden. Die Stimmung und Atmosphäre, die bei diesen Feiern entsteht, die Freude oder mitunter auch Rührung, die aufkommt, wenn bekannte Texte rezitiert oder vertraute Lieder angestimmt werden, lässt sich nicht ‚künstlich' herstellen. Allerdings ist es möglich, in Kindertageseinrichtungen unterschiedlicher Trägerschaft auf jüdische Feste so hinzuweisen, dass es Spaß macht, sich mit der Materie näher zu befassen. Darum soll es gehen und nicht um Vollständigkeit der Umsetzung eines jüdischen Festes oder Feiertages.

Wenn in einer Kindertageseinrichtung auch nur kompetent und methodisch versiert auf einige jüdische Feste pro Jahr hingewiesen wird, ist das schon wirksam im Sinne einer Antisemitismusprävention. Pädagogischen Fachkräften soll hier die Sorge ein wenig genommen werden, man könne viel falsch machen, sodass man lieber gar nicht über jüdische Feste sprechen sollte. Hier gibt es im Folgenden also einige Angebote, die ganz konkret und ohne allzu viel Vorbereitung umgesetzt werden könnten.

Die jüdische Religion und Tradition bieten zahlreiche Möglichkeiten im Jahresrhythmus des Gedenkens, der Reflexion und des Feierns. In einer Kindertageseinrichtung kann nicht erwartet werden, dass alle diese Anlässe präsent sind. Hier werden jüdische Feiertage im Festkreis vorgestellt und es werden Ideen eingebracht, wie auf diese Feiertage hingewiesen werden kann. In der Kindertageseinrichtung kann dann eine Auswahl getroffen werden. Hierzu noch einige Vorbemerkungen:

- Es gibt für Kinder schon ab dem Kindergartenalter Überblicksliteratur über die Weltreligionen, in denen auch das Judentum erwähnt wird. Das ist durchaus hilfreich. Jedoch sollte dieser ‚Blick von außen' auf das Judentum durch einen Blick von innen heraus ergänzt werden, damit ein ‚so machen es alle Juden' tunlichst vermieden werden kann. Wenn Jüdinnen und Juden ihre religiösen Traditionen vorstellen, kann die innere Diversität deutlich werden. Dies wirkt einer Pauschalisierung, die ja auch ein Aspekt von Antisemitismus ist, entgegen.
- Außerdem kann deutlich werden, dass Judentum nicht etwas Überholtes ist, sondern eine höchst lebendige Religions- und Traditionsgemeinschaft.
- Das Ziel in diesem Buch ist zu verdeutlichen, dass die jüdischen Feiertage und Feste ihre nachdenklichen aber auch ihre sehr fröhlichen, lebensbejahenden Seiten haben.
- Wenn Kindern in der Kindertageseinrichtung in Deutschland Hinweise auf Feiertage und Feste gegeben werden, dann geht es keinesfalls um einen missionarischen Eifer. Das Judentum missioniert nicht. Man kann dem Judentum nach einem ausgiebigen Lernprozess beitreten, eine Werbung dafür gibt es nicht.
- Vielmehr geht es darum, vielfältige Facetten des Judentums aufzuzeigen und darzulegen, was der tiefere Sinn hinter verschiedenen Sitten und Gebräuchen sein könnte.
- Auf jeden Fall soll es für alle Beteiligten Spaß machen, den einen oder anderen Einblick in das Judentum zu erhalten und sich Schritt für Schritt eine eigene kenntnisreiche Position zu erarbeiten.
- Die Übungsvorschläge sind so gehalten, dass auch eine emotionale Einfühlung möglich wird.
- Im Zentrum jüdischer Feiertage und Feste stehen oft biblische Geschichten. Es gibt im Judentum eine ganze Bandbreite von Möglichkeiten, sich zu diesen Überlieferungen zu verhalten. Die hier vertretene Position ist die, dass sich in den Geschichten historische Kerne ausmachen lassen, dass es sich aber nie um ein ‚Life-Dabei' handeln kann. Als die Torah, die Sammlung aus den erste fünf Büchern der Hebräischen Bibel entstand, hat man keine

Life-Berichterstattung gekannt. Es geht den Geschichten weniger darum zu berichten, dass es genau so war. Es geht den Geschichten auch weniger darum, dass sie ‚geglaubt' werden müssen. Es geht vielmehr darum, dafür zu sensibilisieren, was eine Geschichte im Hier und Jetzt bedeuten kann. Religiöse Sprache kann Aussagen zueinander in Bezug setzen, die in ihrer Gegensätzlichkeit nicht auf einen Nenner zu bringen sind. Das ist nicht die Schwäche religiöser Sätze, sondern das ist genau ihre Funktion. Die Stärke liegt darin, dass einem faktisch hochproblematischen Status quo gegenüber beispielsweise die Kraft aufgebracht wird, einen besseren Zustand zu denken: Es geht um Hoffnung auch in schweren Zeiten, um Vertrauen in eine unbekannte Zukunft, um Befreiung aus Unfreiheit, um Gerechtigkeit, die der Ungerechtigkeit Widerstand leistet.

- Einige der Geschichten zeigen auf, wie die Wendung zum Guten gelingen kann. Sie nehmen dann jedoch mitunter aus heutiger menschenrechtlicher Perspektive einen sehr robusten Ausgang. Wenn die Geschichten in Kindertageseinrichtungen bearbeitet werden, sollte man Drastik zurücknehmen. Schließlich gilt nach dem Beutelsbacher Konsens, dass in Bildungssituationen Lernende grundsätzlich nicht überwältigt werden. Der jüdischen Auslegungstradition ist diese Vorsicht sehr recht. Bereits vor vielen Jahrhunderten haben Rabbiner u. a. den Ausgang von Siegesgeschichten sehr feinsinnig diskutiert. Schon im Talmud wurde dem Gedenken an den Sieg der jüdischen Makkabäer über die Seleukiden eine Passage aus der Hebräischen Bibel (Sacharja 4,6) zur Seite gestellt, in der es heißt: „Nicht durch Macht und nicht durch Kraft, allein durch meinen Geist, spricht der Herr". Auch taten den Talmudisten die im Meer ertrunkenen Ägypter, die ja in der Exodus-Geschichte wirklich eine extreme Bedrohung für die Fliehenden darstellten, letztlich leid. Sie wollten unter jüdischen Gläubigen keine Jubelrufe über gefallene Feinde zulassen und erzählen die Geschichte so weiter: Zur Frage, ob Gott sich am Untergang der Ägypter erfreuen könnte, heißt es im Talmud über die Vorstellung, dass Engel in Triumphgesang ausbrechen könnten: „die Dienstengel wollten dann vor dem Heiligen, gepriesen sei er, das Lied anstimmen, da sprach der Heilige, gepriesen sei er, zu ihnen: Mein Händewerk ertrinkt im Meere und ihr wollt vor mir das Lied anstimmen!?" (Goldschmidt 1996, Bd. VIII, 615, bT, Sanhedrin 39b).
- Die Talmudisten diskutierten auch das Für und Wider einer Einführung der Esther-Geschichte in die jüdische Tradition insbesondere im Blick auf den düsteren Ausgang der Geschichte. (Goldschmidt 1996, Bd. IV, 24 ff., bT, Megilla 7a). Bereits die talmudischen Rabbiner mahnten zur Zurückhaltung. Letztlich geht es im Kern in der Exodus-Geschichte um Befreiung,

in der Makkabäer-Geschichte zu Chanukkah darum, dass Jüdinnen und Juden ihre Identität nicht preisgeben müssen und in der Esther-Geschichte zu Purim darum, einen Anschlag zu verhindern. Die Geschichten erzählen vor allem von berechtigtem Widerstand und nicht von Triumph.

- Als Jude und Jüdin steht man in einer lange Traditionsreihe und setzt Aspekte von Tradition selbst über die Lebensspanne fort. Die Feiertage und Feste verdeutlichen die Tradition. Sie fordern jüdische Menschen auf, den eigenen Platz darin wahrzunehmen und auf eine stimmige Weise auszufüllen. Die Geschichten der Hebräischen Bibel sprechen Jüdinnen und Juden in besonderer Weise an.
- Die Geschichten haben jedoch auch ein universales Potential. Sie können emotional berühren und sie können zu denken geben. Dies sind Anknüpfungspunkte, die auch Antisemitismus entgegenwirken können. Diese emotionalen und kognitiven Anknüpfungspunkte widerstehen einer einseitigen Vereinnahmung, öffnen sich aber für Überschneidungsbereiche, in denen die Geschichten auch für Außenstehende eine eigenständige Bedeutung erhalten können.
- Für den Einsatz in einer Kindertageseinrichtung werden zu den einzelne Feiertagen Bilderbücher genannt. Gewählt wurden diejenigen, die eine jüdische Sichtweise wiedergeben sowie diejenigen, die der Textvorgabe der Hebräischen Bibel eng folgen. Diese Angaben erheben keinen Anspruch auf Vollständigkeit.

Rosch HaSchannah und Jom Kippur

Die beiden Feiertage hängen eng miteinander zusammen. Rosch HaSchannah ist das jüdische Neujahrsfest, das nach dem gregorianischen Kalender im September oder Oktober begangen wird. Das jüdische Neujahrsfest erinnert an die Schöpfung und biete Gelegenheit auf das vergangene Jahr zurückzublicken. Was war gut und woraus sollte gelernt werden, um es in Zukunft besser zu machen? Es ist ein ernstes Fest, das aber auch Zuversicht und auch Vorfreude enthält. ‚Mögest du für ein gutes Jahr eingeschrieben und besiegelt werden', lautet der jüdische Neujahrsgruß. Man wünscht einander auch ein Jahr, das Süßigkeit zu bieten hat.

Hierzu gibt es einen Brauch, den man auch gut in einer Kindertageseinrichtung übernehmen kann, wenn man auf diesen Feiertag hinweist: Es werden Apfelscheiben in ein wenig Honig getaucht, um auszudrücken, dass man sich und anderen ein süßes Jahr wünscht. Honigkuchen passt ebenfalls gut dazu. Es ist auch möglich, einen Granatapfel zu erwerben und sich die vielen Kerne

Äpfel mit Honig für ein süßes neues Jahr, Foto: Bernd Bunzen

einmal anzuschauen. Hierzu wünscht man sich zu Rosch HaSchannah, dass sich die guten Taten, die man vollbringen will, so vermehren mögen wie die Kerne des Granatapfels.

Nun gibt es eine zehntägige Zwischenzeit bis Jom Kippur, dem Versöhnungstag. In dieser Zeit ist man als Jude und Jüdin aufgerufen, sich soweit als möglich auszusprechen, sich zu entschuldigen bei denen, die man verärgert hat, etwas zurückzugeben, was einem nicht gehört. In Judentum existiert keine Beichte. Jeder und jede kann nur für sich selbst einstehen. Man kann Taten vor Gott bereuen, aber nur im Austausch mit den Geschädigten wird Versöhnung möglich. Als Jude und Jüdin kann man einem Schädiger aus freiem Willen vergeben. Aber man kann nicht im Namen anderer Geschädigter Vergebung erteilen.

Jom Kippur, der Versöhnungstag, ist ein ernster Fastentag, der wichtigste Feiertag im jüdischen Kalender. Wer es gesundheitlich vertreten kann, darf fasten, was bedeutet, von Sonnenuntergang am Abend von Jom Kippur bis zum nächsten Abend nicht zu essen und nicht zu trinken. Das ist eine intensive Erfahrung. Abends und tagsüber nimmt man an zahlreichen Gebeten teil, vertieft die Selbstreflexion anhand von Texten und Gesängen, die vom Kantor oder der Kantorin teils solo und teils gemeinsam mit der Gemeinde hingebungsvoll gesungen werden – ein spirituelles Erlebnis. Einer der ergreifendsten Gesänge wendet sich an Gott als ‚Unser Vater, unser König', ‚Avinu malkeinu'. Im Internet finden sich zahlreiche Versionen zum Reinhören.

Wer das Fasten auf ärztlichen Rat nicht durchführen sollte, darf selbstverständlich etwas trinken oder auch die notwendige Nahrung zu sich nehmen. Dies geschieht jedoch dezent, um die strikt Fastenden nicht zu stören. Auch Kinder fasten nicht. An Jom Kippur tragen Frauen und Männer weiße Klei-

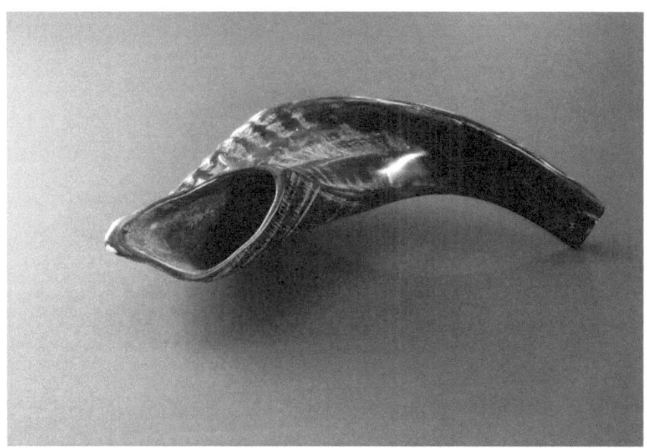

Schofar,
Foto: Bernd Bunzen

dung, ein Hinweis auf die eigene Sterblichkeit und auch ein Symbol für einen Neuanfang in reiner Menschlichkeit.

Nachama et al. (2015, 246) schreiben zum Ausklang von Jom Kippur:

> „Das letzte Gebet an Jom Kippur heißt *Ne'ila* (‚Schließung'). Gemeint ist konkret die Schließung der Tempeltore im damaligen Jerusalem, im abstrakten Sinne aber die Schließung der Himmelstore. Beides wird im Gebet verbunden: ‚Öffne uns die Himmelspforten jetzt, da sich die Tore schließen', heißt es, bevor der Fasttag mit einem langgezogenen Ton vom Schofar ausklingt. Nach dem regulären Abendgebet bricht man das Fasten mit einem Festmahl".

In der Kindertageseinrichtung kann man auf Jom Kippur hinweisen, indem man den Sinn des Festes kurz erklärt und mit den Kindern ins Philosophieren und Theologisieren kommt über die Frage: Wie fühlt es sich an, wenn man sich einmal entschuldigt?

Zu Jom Kippur wird in der Synagoge das Buch Jonah gelesen. In der Geschichte geht es um Umkehr von einem Lebenswandel, den man so eigentlich auch vor sich selber nicht wirklich vertreten kann. Erzählt wird die Legende vom nicht sehr mutigen Propheten Jonah, der höchst ungern den Bewohner*innen der sagenumwobenen Stadt Ninive die ernste Botschaft überbringen soll, ihr Leben zu ändern. Prompt flieht der Prophet wider Willen per Schiff in die entgegengesetzte Richtung. Das Schiff droht zu kentern. Jonah glaubt, dass er für das schwere Wetter verantwortlich sein könnte und lässt sich über Bord werfen. Zufällig kommt ein sehr großer Fisch, oder vielleicht ist es ein Wal, vorbei, verschluckt ihn und speit ihn praktischer Weise genau dort an Land wieder aus, wo sich der Prophet in Richtung Ninive auf den Weg machen kann.

In der Stadt angekommen, gelingt ihm eine erstaunlich zündende Ansprache und die Leute aus Ninive zeigen sich entgegen aller Erwartungen einsichtig. Jonah ist damit jedoch unzufrieden. Er kann die Niniver und Niniverinnen nicht so recht ausstehen. Außerdem hat seine Weissagung nicht so funktioniert, wie er sie sich vorgestellt hat. Daraufhin erscheint ihm Gott im Traum und macht ihm klar, dass es gut wäre, sich über den positiven Ausgang der Geschichte zu freuen.

Wie alle gut erzählten religiösen Texte will auch diese die Seele ansprechen. Sie hat ihre ernsten Seiten und fragt danach, ob man zu seinem eigenen Leben stehen kann. Sie hat aber auch ihre heiteren Seiten. Der Prophet ist nicht gerade eine Heldengestalt. Die angeblich bösen Leute aus Ninive sind eigentlich ganz nett. Der Wal ist innen zwar dunkel, glitschig und unkomfortabel, aber er fungiert doch als zuverlässiges Wassertaxi. Und – besonders wichtig: Auch Gott hat Humor.

Im Christentum wird die Geschichte auch als Hinweis auf die Auferstehung Christi gelesen, dies entspricht nicht jüdischer Lesart, obwohl es im Judentum auch Auferstehungshoffnungen gibt. Aber Legenden als Sprache der Seele sind offene Gebilde und können unterschiedlich interpretiert werden.

Die Geschichte von Jonah und dem Wal wird in Bilderbüchern erzählt. Man kann die Geschichte aber auch in eigenen Worten wiedergeben und vielleicht einen Plüschwal mitbringen. Diese Erzählung kann besonders gut mit Geräuschen untermalt werden. Wenn vom Propheten die Rede ist, können als Erkennungszeichen zaghaft ein paar Töne auf dem Xylophon erklingen. Den Sturm können die Kinder mit Windgeräuschen, die immer stärker werden und mit Armbewegungen, die Wellen symbolisieren, darstellen. Der Auftritt des Wals ist natürlich mit einem Trommelwirbel gut in Szene zu setzen. Man kann aber auch gemeinsam versuchen, möglichst tiefe Töne zu erzeugen. Ein ganz tiefes Brummen würde gut passen. Es soll einfach allen Beteiligten Spaß machen.

Bilderbücher zur Jonah-Geschichte:

Di Lernia, G. (2018): Jona und der Wal, London: Dorling Kindersley

Spier, P. E. (2022): The Book of Jonah, London: Penguin Random House

Chanukkah

An Jom Kippur schließt das 8-tägige Laubhüttenfest an, an dem man sich nach einem Arbeitstag in der Gemeinde oder mit Freunden in einer Hütte (Sukka) zu einem gemeinsamen Essen zusammenfinden kann. Es erinnert an ein Wallfahrtsfest im alten Israel, bei dem man nach Jerusalem zum Tempel gezogen ist. Am achten Tag wird das Schlussfest (Schemini Azeret) begangen, indem der letzte Abschnitt der Torah verlesen wird. Es schließt sich unmittelbar das Fest der Freude an der Torah (Simchat Torah) an, indem der erste Abschnitt der Torah gelesen wird. Im Jahresverlauf wird die Torah, jeweils in Wochenabschnitte aufgeteilt, einmal komplett durchgearbeitet.

Das Lichterfest Chanukkah liegt zeitlich in der Nähe der Weihnachtszeit. Gedacht wird der Herrschaft der Seleukiden, der Nachfahren Alexander des Großen. Im 2. Jahrhundert vdZ. bestand König Antiochus der IV. darauf, dass auch im Alten Israel Statuen mit seinem Konterfei verehrt werden sollten, als wären sie mit göttlichen Weihen versehen. Antiochus ließ die religiöse Toleranz, die die Seleukiden zuvor an den Tag gelegt hatten, vermissen. Dies wurde für die Makkabäer, eine jüdische Familie und für viele andere jüdische Bewohner*innen Israels ein Anlass, den Aufstand zu wagen. Es gelang, die Seleukiden zu besiegen und den Tempel wieder einzuweihen. Dieser Teil der Geschichte ist historisch. Nun schließt sich ein legendarischer Teil an, der besagt: Um im Tempel wieder ein Licht zu entzünden, das die Gegenwart Gottes symbolisiert, gab es nur eine kleine Menge Öl, die eigentlich nur für einen Tag reichen würde. Jedoch brannte das Licht acht Tage lang, genauso lange, wie man gebraucht hatte, neues koscheres Öl zu gewinnen. Mit einer Chanukkia, einem neunarmigen Leuchter, wird an das ‚Lichtwunder' erinnert. In der Mitte des Chanukkah-Leuchters befindet sich in exponierter Position die ‚Dienerkerze', mit deren Hilfe Tag für Tag ein weiteres Licht angezündet wird. Chanukkah ist für jüdische Familien ein Anlass, einander kleine Geschenke zu machen, miteinander zu spielen und abends das Licht der Chanukkia-Kerzen zu genießen.

In einer Kindertagesstätte kann auf dieses Fest hingewiesen werden. In vielen Städten gibt es bereits den Brauch, wenn es langsam dunkel wird, die Kerzen einer großen, weithin sichtbaren Chanukkia feierlich öffentlich anzuzünden. Diese kleine, oft sehr stimmungsvolle Zeremonie kann man gemeinsam mit den Kindern besuchen. Wenn man eine Einführung gibt und den Kindern den Sinn der Feierlichkeit und den Ablauf kurz erklärt, kann man mit der jüdischen Gemeinde auch verabreden, dass pädagogische Fachkräfte oder vielleicht auch die Kinder ein kurzes Grußwort sprechen. Wenn die Kinder sich beteiligen wollen, dann soll es für sie stimmig sein. Ein Hinweis auf die Schoah wird an diesem Tag ausdrücklich nicht erwartet. Es muss also gar nichts Weltbewegendes sein, was die Kinder einbringen. Vielleicht so: „Wir Kinder aus dem Kindergarten xy finden es gut, dass heute hier so große Kerzen angezündet werden. Das leuchtet so schön." Die Chancen sind groß, dass dies als das beste Gruß-

Chanukkiah,
Foto: Bernd Bunzen

wort des Abends empfunden wird. Es werden mitunter zahlreiche Grußworte zu diesem Anlass verlesen, was sehr gut ist, weil hier nichtjüdische Freunde sprechen. Falls pädagogische Fachkräfte mit Kindern aktiv werden wollen, sollten Sie den Ablauf mit der jüdischen Gemeinde besprechen und darum bitten, dass die Kinder ziemlich am Anfang ihren Beitrag leisten, damit sie nicht zu lange warten müssen.

Bilderbücher zu Chanukkah:
Halberstam, M./Cote, N. (2010): Ein Pferd zu Chanukka, Berlin: Ariella
Weiss, A./Großekettler, F. (2011): Dinah und Levi: Wie jüdische Kinder leben und feiern, Berlin: Annette Betz Verlag bei Ueberreuter

Tu Bi'Schwat – das Fest der Bäume

Im Januar/Februar folgt der kleine Feiertag Tu Bi'Schwat (Neujahrsfest der Bäume). Ein Fest, das auf die große Bedeutung von der uns umgebenden Natur hinweist. Im Alten Israel wurden an diesem Tag die Früchte tragenden Bäume taxiert, damit die Besitzer einen angemessenen Anteil an Steuern entrichten konnten. Heute wird die Verbundenheit zum Land Israel zum Ausdruck gebracht, indem man israelisches Obst ist. Ökologische Fragen werden im Judentum immer wichtiger. So werden beispielsweise Projekte zum Pflanzen von Bäumen weltweit unterstützt.

Wenn man in der Kindertageseinrichtung auf diesen Tag hinweisen möchte,

Obstteller zum Tag der Bäume, Fotos: Bernd Bunzen

dann kann man mit Kindern verschiedenes Obst kleinschneiden, und jedes Kind kann auf einem Teller mit Obststückchen eine Baum- oder eine Blumenform gestalten. Danach schmeckt das Obst noch einmal so gut.

Purim

Im Februar/März folgt Purim. Dies ist im Judentum ein sehr populäres Fest. Es hat einen durchaus ernsten Hintergrund, aber auch eine kabarettistische Seite. Die Geschichte kann möglicherweise in der Zeit der Herrschaft des Perserkönigs Xerxes I (486–465 vdZ.) verortet werden. Alles Weitere lässt sich geschichtlich kaum genauer bestimmen:

In der Geschichte geht es um die schöne Hadassa, die sich Esther nennt, ihr Judentum heimlich lebt und offiziell mit dem Perserkönig Ahaschveros verheiratet ist. Sie erfährt über ihren Onkel Mordechai, der am Hofe tätig ist, von einem bevorstehenden Komplott gegen die jüdische Bevölkerung im Perserreich und weiß ihn durch Klugheit zu vereiteln. Der Schurke Haman ist der höchste persische Regierungsbeamte und hegt einen unerklärlichen Hass auf Juden. Immer wieder befragt er ein Orakel, bei dem er Lose (Purim) ziehen muss, um herauszubekommen, wann der beste Zeitpunkt für einen Anschlag gekommen wäre. Doch Hamans Plan wird rechtzeitig aufgedeckt und er erleidet ein klägliches Ende ebenso ergeht es seinen bösen Kumpanen.

Die kluge Königin Esther wurde bei den zwangsgetauften Jüdinnen im Spanien der 15. Jahrhunderts zu einer Figur, die ihnen Würde verleihen konnte, wenn sie versuchten, das Judentum heimlich zu praktizieren. Immer wieder in Zeiten der Verfolgung wurde die Purimgeschichte für jüdische Familien zu einem Lichtblick. Dies ist die ernste Seite.

Die ausgelassene Seite ist die des Karnevals, der Verkleidung, der Scharade und der kabarettistischen Vorstellungen. Das Fest beginnt in der Synagoge. Dort ist der Höhepunkt, dass die Megillat Ester, die Rolle, auf der das gesamte Buch Esther aus der Hebräischen Bibel aufgeschrieben wurde, komplett gelesen wird. Dies darf gern mit viel Stimmeinsatz und Pathos geschehen. Die Gemeindemitglieder haben Ratschen mitgebracht. Wenn in der Geschichte der Name des bösen Haman erwähnt wird, bricht in der Synagoge ein kleiner Sturm los. Kinder und Erwachsene ratschen was das Zeug hält, auch Buhrufe sind zu hören. Einmal im Jahr erlaubt man sich, törichte Judenfeinde und -feindinnen einfach einmal auszulachen. Im Purimfest wird dieses mutige, befreiende Lachen zelebriert. Es ist ansteckend und hebt die Laune doch sehr.

Im Anschluss an den Synagogenbesuch wird in der Gemeinde gegessen, gesungen, getanzt, auch dem Wein sprechen Erwachsene an diesem Abend mehr zu. Kinder spielen das traditionelle Kreiselspiel, das ein wenig an das Losverfahren des Haman erinnert. Es ist ein schnelles Spiel mit sehr einfachen Spielregeln, in dem es um Geben und Nehmen geht, ein klein bisschen vielleicht um eine glückliche Hand, aber insbesondere um die Erkenntnis, dass Glück und Pech im Spiel sich sehr schnell abwechseln können.

In der Kindertageseinrichtung kann man auf dieses Fest verweisen und anbieten, für alle Kinder, die dies möchten, die Geschichte von der klugen Königin Esther und vom bösen Haman aus einem Bilderbuch vorzulesen. Es gibt einige Versionen auf Deutsch und einige auf Englisch, die man übertragen müsste. Auch das als Kamishibai, als Tischtheater, gestaltete Bildkartenset „Ester hilft ihrem Volk“ von Brandt/Lefin (2020) eignet sich. Gelungen ist bei dieser Darstellung, dass die Geschichte nah an der biblischen Vorlage bleibt und somit die Verankerung der Erzählung in der Hebräischen Bibel insgesamt erhalten bleibt.

Kinder und Erwachsene sollen sich eine Ratsche nehmen. Die Zuhörer*innen bekommen den Auftrag, ganz genau zuzuhören, wann von Haman die

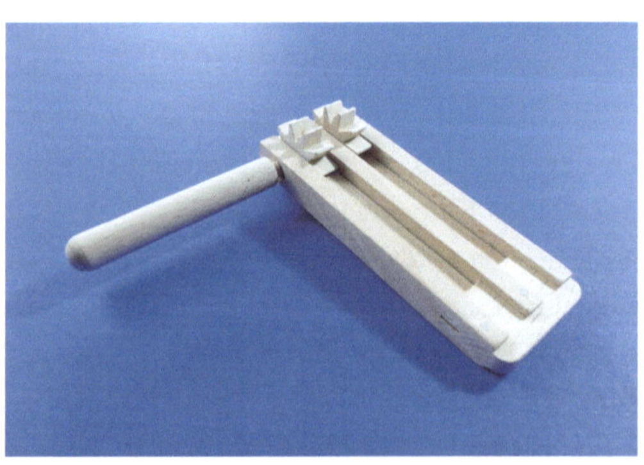

Purim-Ratsche,
Foto: Bernd Bunzen

Rede ist. Ein wenig von der Stimmung in den Synagogen zu Purim wird sich auch in der Kindertageseinrichtung einstellen. Nicht allzu zu oft, aber wenigstens zu Purim muss man über die ‚wirklich üblen Gestalten der Geschichte', die so viel Unheil anrichteten und doch auch oft so verstörend töricht wirken, einfach auch einmal lachen dürfen.

Bilderbücher zu Purim:

Brandt, S./Lefin, P. (2020): Ester hilft ihrem Volk. Kamishibai Bildkartenset. Entdecken – Erzählen – Begreifen, Ensdorf: Don Bosco Medien

Erdtmann, R. (2014): Die Geschichte von Purim. Das Buch Esther: Aus der Bibel nacherzählt für Kinder, in North Charleston: Createspace

Kimmel, E. A./Weber, J. (2018): Die Geschichte von Esther, Kharkiv (Ukraine): Holiday House

Tulgan, Shlomit/Rentsch, N. (2015): Die schlaue Esther. Eine jüdische Erzählung aus dem alten Persien, Berlin: Ariella

Pessach

Zu Pessach im März/April feiern viele Jüdinnen und Juden das Fest der Befreiung aus der Unterdrückung in Mizrajim/Ägypten. Es ist ein Fest voller Symbole. Es beginnt am Sederabend mit einem großen Essen, an dem auch die Kinder lange aufbleiben können. Nachama et al. (2015, 276 f.) erklären den Grundgedanken dieses Festes:

> „Für den Abend gibt es eine umfassende Ordnung, eben den *seder,* der ihm den Namen gibt. Zwei Grundgebote liegen dieser Ordnung zugrunde: Der Spannungsbogen des Berichts vom Pessach-Ereignis soll sich vom Schlechten zum Guten wenden … Und jeder Anwesende soll sich mit den israelitischen Vorfahren identifizieren, so als sei er selbst beim Exodus mit dabei gewesen, und sagen: ‚auch ich bin aus Ägypten ausgezogen.'"

Auf einem großen Sederteller befinden sich mehrere Symbole, die man im Laufe des Abends zu sich nimmt:

- *Maror* (מָרוֹר) – ein Bitterkraut (Meerrettich oder Römersalat) steht für die Bitterkeit der Knechtschaft in Ägypten.
- *Seroa* (זרוֹע) – ein Lammknochen versinnbildlicht das Pessach-Lamm (in einigen Haushalten gibt es hierzu auch eine Veggi-Variante mit einer Blume, deren Stängel die starke Hand Gottes symbolisiert) (Tulgan/Tripp 2017).

- *Charosset* (חֲרוֹסֶת) – eine Mischung aus Früchten, Mandeln, etwas Traubensaft, gewürzt mit Zimt und Ingwer symbolisiert den Lehm, aus dem in den Zeiten der Knechtschaft Ziegel herstellen wurden.
- *Chaseret* (חזרת) – ein weiteres Bitterkraut wird einmal auch zusammen mit dem Charosset gegessen.
- *Karpas* (כַּרְפַּס) – Sellerie, Radieschen oder Kartoffeln symbolisiert die harte Arbeit in Ägypten. Sie werden vor dem Essen in etwas Salzwasser getaucht.
- *Betzah* (ביצה) – ein hartgekochtes Ei, verweist auf die Gebrechlichkeit menschlichen Lebens, erinnert zugleich an die Tempelzerstörung, steht aber auch für neues Leben.
- Daneben gibt es ungesäuertes Brot (Mazze).

Der Sederabend endet mit einem festlichen Mal, bei dem jedoch u.a. auf Getreideprodukte im Gärungsprozess und auf Backtriebmittel verzichtet wird. Verwendet wird stattdessen Mazze-Mehl. Mazze symbolisiert das „Brot der Armen“ (Rothschildt 2009, 173).

Es gibt Bilderbücher, die den Exodus erzählen. In der Kindertorah (2016, 115f.) ist die Exodus-Erzählung wie in der biblischen Vorgabe, eingebettet in kultische Handlungen, die jüdische Menschen im Alten Israel zur Zeit des Tempels feierten. Dort wird gebeten, mit einem Teil der ersten Ernteerträge eines Jahres nach Jerusalem zu kommen, um sie beim Kohen, dem Priester, im Tempel abzugeben. Die feierliche Übergabe soll man mit dem Erzählen der Exo-

Sederteller, Foto: Bernd Bunzen

Mazze, Foto: Bernd Bunzen

dus-Geschichte verbinden, beginnend bei den Vorfahren, die nach Mizrajim/ Ägypten gezogen waren, um dort zu wohnen und zu arbeiten. Dann heißt es:

„Zunächst waren es nur wenige, aber sie wurden immer mehr, bis sie ein mächtiges Volk geworden waren. Deshalb zwangen uns die Leute aus Mizrajim zu harter Arbeit und machten uns das Leben schwer. Endlich riefen wir zum Ewigen, dem G'ott unserer Väter, und flehten um Hilfe. Und tatsächlich, der Ewige hörte uns und sah unser Unglück. Da führte er uns mit seiner starken Hand und mit mächtigen Wundern aus Mizrajim heraus. Und der Ewige brachte uns bis hierher, in dieses Land, in dem Milch und Honig fließen. Und ich stehe nun hier und bringe dem Ewigen die ersten Früchte dieses Landes."

50 Tage nach Pessach schließt sich *Schawuot* an. Dieses Fest hat vielfältige Bedeutung. Zum einen wird in dieser Zeit die Weizenernte in Israel eingebracht. Es ist somit das jüdische Erntedankfest geworden. Zum anderen ist Schawuot ein Fest, dass in der Weiterentwicklung der Traditionsbildung mit der Torah in enge Verbindung gebracht wird. Rothschildt (2009, 178) erklärt: „*Schwawuot* ist im Wesentlichen ein Offenbarungsfest geworden, eine Zeit, in der man die Übergabe er Torah am Berg Sinai in Erinnerung ruft, eine Zeit des Lernens (vielleicht während der ganzen Nacht) und des Preisens der Tradition."

Verdeutlicht wird mit diesem Fest, dass Freiheit, die zu Pessach errungen wurde, durch Regeln und Tradition geschützt und gefördert wird. Freiheit realisiert sich erst durch die freiwillige Annahme einer gemeinsamen ethischen Basis.

Anlässlich dieses Festes wird das Buch Ruth gelesen. Ruth wird in dieser Geschichte als Moabiterin vorgestellt. Respektvoll nähert sie sich als Nicht-Jüdin der israelitischen Kultur. Als ihr Mann verstirbt, bleibt sie an der Seite ihrer

Schwiegermutter, Noomi. Der heutzutage gern als Trauspruch verwendete Satz: „Wo du hingehst, da will auch ich hingehen", ist ein Versprechen, das Ruth ihrer Schwiegermutter gibt. Noomi möchte in ihre Heimat Israel zurückkehren. Ruth unterstützt sie dabei. Ruth tritt schließlich zum Glauben der Israeliten über. Sie erlangt ein hohes Ansehen, heiratet erneut und wird in der Hebräischen Bibel als Urgroßmutter von König David geehrt.

Wenn man in Kindertageseinrichtungen auf Pessach oder Schawuot hinweisen möchte, eignen sich insbesondere Bilderbücher, die erläutern, wie man sich heutzutage in jüdischen Familien auf Pessach vorbereiten und wie das Fest im Familienkreis oder in der Gemeinde gefeiert werden kann. Es eignen sich ebenfalls Bilderbücher, die den Exodus schildern. Erwähnt wird hier außerdem eine Haggada, welche jüdische Kinder in die Ordnung am Sederabend einführt.

Auch das als Kamishibai, als Tischtheater, gestaltete Bildkartenset „Ruth und Noomi fangen neu an" von Brandt/Lefin (2022) eignet sich, da die Geschichte nah an der biblischen Vorlage bleibt und somit die Verankerung der Erzählung in der Hebräischen Bibel vollständig erhalten bleibt.

Bilderbücher zu Pessach:

Brandt, S./Lefin, P. (2022): Rut und Noomi fangen neu an. Kamishibai Bildkartenset. Entdecken – Erzählen – Begreifen, Ensdorf: Don Bosco Medien

Fischer-Weiss, S. (2021): Meine erste Haggadah, Berlin: Ariella

Halberstam, M./Cote, N. (2015): Im Galopp aus Ägypten, Berlin: Ariella

Halberstam, M./Späth, J. (2021): Lena feiert Pessach mit Alma, Berlin: Ariella

Tulgan, S./Tripp, G. (2017): Moses der Feuerkopf: Der biblische Auszug aus Ägypten, Berlin: Ariella

1. Elul: Tag der Tiere

Dieser Tag wird im August/September gefeiert. Im Alten Israel wurde für gewöhnlich an diesem Tag der Tierbestand gezählt, um die Höhe des fälligen Steuerbetrags auch für den Erhalt des Tempels gerecht festlegen zu können. Mittlerweile hat dieser kleine Feiertag eine Bedeutungsverschiebung erhalten. Heute geht es an diesem Tag um eine Reflexion, wie das Wohlergehen von Menschen und Tier gewährleistet werden kann. Die Rabbinerin Caine zeigt, wie diese Reflexion erfolgen kann: „Das Leid in der Welt heute ist groß. Das Leid der Menschen ebenso wie das der Tiere, die mit uns diese Welt teilen. Dieses Leid hat seinen Ursprung in der mangelnden Umsicht, die wir gegenüber dem

Leben selbst walten lassen, weil wir meinen, wir dürften verschwenden, und in der Entfremdung des Menschen von seiner Welt. Das ist ein gesellschaftliches und ein Umweltproblem." Als Rabbinerin interpretiert sie die Umwelt- und Klimakrise auch unter einem religiösen Aspekt und fährt fort: „Aber es ist auch ein religiöses Problem. Denn unsere Beziehung zum Leben zeigt, wie sehr wir uns schon davon losgesagt haben, die ganze Schöpfung zu achten. Wir haben aufgehört, uns der Welt mit dem Staunen zu nähern, das ihrer unglaublichen Vielfalt und Schönheit gebühren würde. Und das feiern wir am 1. Elul." (Marx 2021, 374)

In Kindertageseinrichtungen könnte man auf den Tag der Tiere hinweisen, durch ein Nachdenk-Gespräch über die Erfahrungen der Kinder mit Tieren. Hier sollte man jedoch darauf achten, dass es in diesem Gespräch nicht darum gehen kann, welche Familie sich das ‚beste Haustier' leisten kann. Erfahrungen mit Tieren kann man vielfältig machen, Regenwürmer, Vögel, Insekten können allen Kindern zugänglich gemacht werden. Auch eine Waldexkursion, ein Besuch auf einem Bauernhof oder ein Zoobesuch könnten am Tag der Tiere gemeinsam mit den Kindern unternommen werden. Hier kann in Nachdenk-Gesprächen gemeinsam die Verantwortung reflektiert werden, die vor allen Dingen Erwachsene gegenüber Tieren übernehmen sollen, die aber auch Kinder in gewissem Umfang schon haben.

Es könnte auch der Kita-Besuch eines hierfür besonders geschulten Hundes geplant werden. Besuchs- oder Therapiehunde sind besonders geeignet für den Einsatz in Kindertageseirichtungen, so Beci/Lüdenbach/Schumann (2018). Besuchs- und Therapiehunde sind den Kindern ausgesprochen zugewandt. An ihnen wird allerdings auch deutlich, dass jedes Tier ein Eigenleben – und auch einen Eigenwillen behält. Die Nähe von Menschen und Tier, aber auch die Unterschiedlichkeit kann hier sehr gut erfahren werden.

Ertrag

Jüdische Feste sind zuallererst Ausdruck jüdischer Identität. Sie können nicht ‚nachgefeiert' werden. Aber Aspekte jüdischer Festtradition haben durchaus einen universellen Charakter. Diese Aspekte können in Kindertageseinrichtungen zu menschenrechtsorientierten, demokratischen Bildungsangeboten ausgestaltet werden. Auch wenn pädagogische Fachkräfte in einer Kindertageseinrichtung nicht zu Spezialistinnen religiöser Feiertage werden, lohnt es sich grundsätzlich, wichtige religiöse Feste aus der Lebenswelt der Kinder im Blick zu haben und Ideen zu entwickeln, auf welche Weise dies in der Einrichtung zum Tragen kommen könnte. Hinsichtlich der jüdischen Feiertage kommt den

Kindertageseinrichtungen eine besondere Verantwortung zu. Es ist sehr wichtig, auf jüdische Feiertage hinzuweisen, auch wenn kein einziges Kind in der Einrichtung jüdisch ist oder sich als jüdisch zu erkennen gibt. Denn dies leistet einen bedeutenden Beitrag zur Prävention von Antisemitismus.

Wenn es gelingt, dass aus der Sicht der pädagogischen Fachkräfte, der Kinder und deren Eltern das Judentum mit Bildungs-Highlights in Kindertageseinrichtungen verknüpft werden kann, dann wäre sehr viel gewonnen. Dann werden die guten Geschichten erzählt und erlebt, bevor antisemitische Phantasmagorien aufkommen. Kindertageseinrichtungen können in der Antisemitismusprävention auf diese Weise eine bedeutende Rolle einnehmen.

4.12 Auf berühmte jüdische Persönlichkeiten hinweisen

Da gerade in Deutschland jüdische Menschen sehr häufig nur mit der Schoah in Verbindung gebracht werden, ist es sehr wichtig, Jüdinnen und Juden auch in anderen Kontexten zu zeigen. Es gab und gibt jüdische Persönlichkeiten, an die man sich nicht zuletzt auch aufgrund ihres besonderen Engagements für positive Entwicklungen in der Welt erinnern sollte.

Die Bilderbuchreihe „Little People – Big Dreams" hat es sich zur Aufgabe gemacht, Männer und Frauen aus Geschichte und Gegenwart vorzustellen, die Bedeutendes geleistet haben. Hierbei sprechen oft schon die Illustrationen für sich. Die Texte sind erfreulich kurz und prägnant formuliert. Das Besondere an dieser Reihe ist, dass Vielfalt positiv aufgegriffen wird. Aus dieser Reihe heraus werden einige Bilderbücher vorgestellt, die sich sehr gut eigenen, positive Geschichten über jüdische Menschen einzubringen.

Nicht jede Formulierung aus den hier vorgestellten Büchern wird bereits Kindern in Kindertageseinrichtungen etwas sagen können. Dennoch ist es angemessen, auch diese Bücher bereits in eine Bibliothek einer elementarpädagogischen Bildungseinrichtung aufzunehmen. Pädagogische Fachkräfte können ermessen, was die Kinder bereits verstehen können und was noch nicht. Die Bilder laden zum freien Erzählen ein. Einige der in den Büchern geschilderten Situationen sind auch für jüngere Kinder gut nachvollziehbar.

Wichtig ist, dass Kindern bereits in einer Kindertageseinrichtung nahegebracht wird, dass jüdisches Leben keineswegs auf die Schoah zu reduzieren ist. Bilderbücher, welche bereits einer jüngeren Zuhörer*innen- und Leser*innenschaft die Vielfalt jüdischen Lebens aufzeigen, sollten in Kinderbibliotheken zum Standard gehören.

Ruth Bader Ginsberg (1933 – 2020) – Richterin am Obersten Gericht in den USA

Geschildert wird Ruths jüdische Kindheit in Brooklyn, New York, in den 1930er und 40er Jahren, insbesondere ihr Spaß am Lernen. Ruth führt eine fröhliche, gleichberechtigte, für die 1950er Jahre unkonventionelle Ehe. Sie und ihr Ehemann studieren und ziehen gemeinsam ihre Kinder auf. Ruth erfährt im Jura-Studium als Frau Ausgrenzung. Eine Zeit lang lebt und forscht sie in Schweden. Inspiriert vom Kampf schwedischer Frauen um Gleichberechtigung setzt sie sich auch in den USA für die Gleichberechtigung der Geschlechter ein. Hier verteidigt sie Männer und Frauen. Schließlich wird sie an das Oberste Gericht der USA berufen. Sie setzte sich zeitlebens für eine faire Rechtsprechung ein. Sie war in den USA eine wichtige Stimme für die Gleichberechtigung der Geschlechter.

Albert Einstein (1879 – 1955) – Physiker

Wie alle Bücher aus dieser Serie beginnt auch diese mit der Kindheit. Albert wächst in einer jüdischen Familie auf. Seine Schwester bringt dem verträumten Jungen viel Verständnis entgegen. Im Alter von fünf Jahren bekommt Albert einen Kompass geschenkt, der ihn begeistert. Weniger angetan ist Albert von der Schule. Rechnen jedoch wird seine Leidenschaft. Eine Formel, die besagt, dass aus sehr wenig Masse sehr viel Energie entstehen kann, macht ihn erfolgreich. Er flieht vor den Nationalsozialisten in die USA und hilft dort auch anderen Geflüchteten. Einstein setzt sich für Frieden in der Welt ein und kämpft gegen Rassismus in den USA.

Hannah Arendt (1906 – 1975) – Philosophin

Hannah Arendt muss in ihrer Kindheit mit häufigem Alleinsein zurechtkommen. Sie bringt sich das Lesen bei, lernt Gedichte auswendig und übt ‚Nachdenken'. Sie zeigt sich früh schon couragiert. Auf dem Schulhof wird sie antisemitisch beschimpft und lässt sich nichts gefallen. Ein Lehrer tritt diskriminierend auf und Hannah ruft zum Boykott seines Unterrichts auf. Ihre Klassenkameraden und Klassenkameradinnen folgen dem Aufruf. Hannah wird daraufhin der Schule verwiesen. Sie schreibt sich an der Universität als Gasthörerin ein, bereitet sich ohne Schule auf das Abitur vor und besteht mit Bravour. Sie emigriert im Sommer 1933 nach Frankreich und arbeitet dort gegen das Regime der Nationalsozialist*innen in Deutschland. Sie wird verhaftet. Es gelingt ihr jedoch, in die USA zu fliehen. Als Philosophin befasst sie sich insbesondere mit Fragen des richtigen Gebrauchs von Macht. Das Buch zieht als Resümee: „Ein freier Geist ist Hannah ein Leben lang geblieben. Bei Unrecht hat sie ihre Stimme erhoben und gewusst: Man muss sich wehren, man darf sich nicht ducken!" (26)

Iris Apfel (1921) – Modedesignerin

Das Buch über das Leben von Iris Apfel liegt derzeit nur in Englisch vor. Es ist ein sehr heiteres, kunterbunt gestaltetes Buch. Iris ist das einzige Kind einer jüdischen Familie in New York. Sie liebt schon als Kind Stoffe und entwickelt hier ihre Leidenschaft. Sie wird Innenarchitektin und Modedesignerin. Ihr Ehemann ist ebenso kreativ wie sie. Die beiden verstehen sich sehr gut. Mit 84 Jahren startet Iris noch einmal richtig durch und eröffnet eine Modedesignausstellung im Metropolitan Museum für Kunst in New York. Auch jetzt als über 90-Jährige gilt Iris Apfel als phantasievolle, lebensfrohe Mode-Ikone. Sie zeigt, dass ein persönlicher Stil sehr viel mit Phantasie zu tun hat und nicht unbedingt mit einer Menge Geld. Ihr Markenzeichen sind ihre weißen Haare und ihre übergroßen Brillen, hinter denen ihre Augen humorvoll und selbstironisch hervorblinzeln.

Literaturhinweise:

Sánchez Vegara, M. I./Barnhart, K. (2021): Iris Apfel. Little People, Big Dreams, London: Quarto Publishing Group (englische Ausgabe)

Sánchez Vegara, M. I./Claude, J. (2022): Albert Einstein. Little People, Big Dreams, Berlin: Insel

Sánchez Vegara, M. I./Martineck, S. (2020): Hannah Arendt. Little People, Big Dreams, Berlin: Insel

Sánchez Vegara, M. I./Orosz, J. (2021): Ruth Bader Ginsburg. Little People, Big Dreams, Berlin: Insel

4.13 Besuch einer Synagoge

In Synagogen in Deutschland werden Führungen angeboten. Hierfür ist aus Sicherheitsgründen immer eine Anmeldung erforderlich. In einigen Synagogen gibt es auch schon differenzierte Programme, die Erwachsene, Jugendliche, Schüler*innen ansprechen. Führungen für Kinder in der Bildungsinstitution Kindertageseinrichtung sind dabei noch eine Seltenheit. Dennoch lohnt sich eine Anfrage. Auf jeden Fall sollte der Besuch einer Synagoge gut vorbereitet und nachbereitet werden. Die Kinder sollten schon einige Elemente während einer Führung durch eine Synagoge wiedererkennen können.

Im Folgenden werden die wichtigsten Elemente, die in jeder Synagoge vorhanden sind, kurz dargestellt.

Wenn man eine Synagoge in Deutschland besucht, durchschreitet man eine Sicherheitsschleuse. Dies ist leider unumgänglich. Auch Kinder, die jüdische Kindertageseirichtungen oder jüdische Schulen besuchen, müssen auf diese Weise geschützt werden. Man sollte also darauf vorbereitet sein, dass nettes Sicherheitspersonal Taschen und Rucksäcke aller Besucher*innen checken müssen. An allen Türpfosten im Gebäude, ausgenommen Toiletten und Wirtschaftsräume, befindet sich eine *Mesusah.*

Die Mesusah umschließt ein zusammengerolltes Pergament, auf das mit winzigen Buchstaben ein Text aus der Hebräischen Bibel steht. Die Textzusammenstellung aus der Torah enthält u. a. diese wesentliche, in viele jüdische Gebete aufgenommene Formel: „Höre, Jisrael, der Ewige, unser Gott, der Ewige ist einig“ (Deuteronomium 6,4). In dem Text wird auch noch daran erinnert, dass Gott es mit den Menschen sehr gut meint, ihnen die Einhaltung seiner guten Gebote empfiehlt und sich sehr darüber freut, wiedergeliebt zu werden mit ganzem Herzen, ganzer Seele und ganzer Kraft (Deuteronomium 6,4–9 und 11,13–21). Mesusot (Plural) befinden sich oft auch in den Wohnungen von Jüdinnen und Juden. Die Mesusah wird beim Eintreten in einen Raum kurz mit den Fingerspitzen berührt. Dieses kleine Ritual erinnert auch daran, dass man gegenüber den Menschen, die schon im Raum sind, eine freundliche, zugewandte Haltung einnehmen sollte.

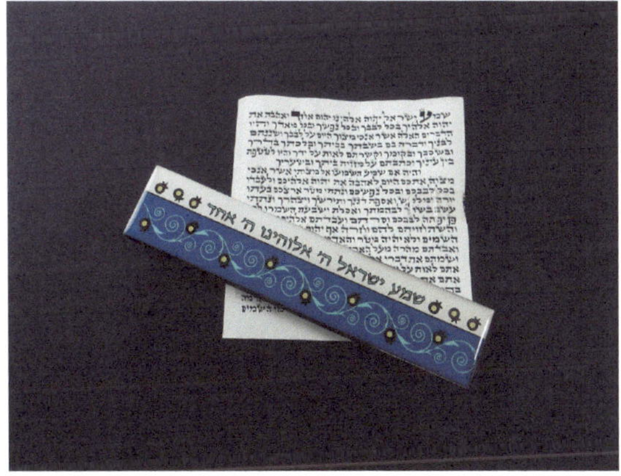

Mesusah (links); Mesusah an der Eingangstür zur Synagoge in Stuttgart (rechts), Fotos: Bernd Bunzen

Eingang zur Synagoge in Stuttgart, Foto: Bernd Bunzen

Eingang zur Synagoge in Esslingen, Foto: Bernd Bunzen

Eine *Synagoge* kann ganz unterschiedlich aussehen. Manche sind groß, andere klein. Manche sind eigenständige Gebäude, andere sind provisorisch in Wohnräumen oder einer Büroetage untergebracht. In manchen großen Gebäuden befinden sich mehrere kleine Synagogenräume, damit gleichzeitig verschiedenen Formen von Gottesdiensten durchgeführt werden können. So feiern mitunter orthodoxe Jüdinnen und Juden im gleichen Gebäude wie liberale. Danach wird in sogenannten ‚Einheitsgemeinden' fröhlich gemeinsam je nach Anlass gegessen und gefeiert. Diese ‚Einheitsgemeinden' sind also gerade nicht einheitlich, sondern realisieren innere jüdische Vielfalt unter einem Dach.

Wer eine Synagoge betritt, sollte sich eine Kopfbedeckung aufsetzen. Besonders gebräuchlich ist hier ein kleines Käppchen, das *Kippah* genannt wird. Auf jeden Fall werden die Jungen und Männer gebeten, eine Kippah zu tragen, in manchen Gemeinden greifen auch Mädchen und Frauen zur Kippah. Die Botschaft der Kippah lautet: Bis zur Kippah reiche ich und dann beginnt alles andere, das mit Gott zu tun hat. Ich nehme meine eigene Begrenztheit an und mache etwas aus dem, was sich unter der Kippah befindet, und achte, was darüber und drumherum ist. Kippot (Plural) werden ganz unterschiedlich gestaltet. Sie werden genäht, gestrickt, gehäkelt, aus Papier gebastelt. Es gibt sie ganz bunt oder einfarbig.

Zum Gottesdienst tragen jüdische Männer und in vielen jüdischen Gemeinden auch Frauen einen Gebetsschal, den Tallit, der mit einem eingestickten hebräischen Segensspruch verziert ist.

Die Fransen des Tallit, die Zizijot, erinnern an die 613 Gebote, die in der Torah aufgeführt sind. Die Zahl 613 ist aber auch eine symbolische Zahl. Hier haben die Rabbinen in früherer Zeit einmal die Anzahl der Tage eines Jahres und die Anzahl der Knochen, die man damals im Menschen vermutete, addiert (Goldschmidt 1996, Band IX, 233, bT, Makkoth 23b). So kam man auch auf die Zahl 613 und dies bedeutet, dass man alle Tage im Jahr und mit all seinen Knochen, die den Körper halten, sich als Jüdin und Jude bewähren darf.

Kippot, Foto: Bernd Bunzen

Tallit, Foto: Bernd Bunzen

Das Blau des Tallit galt als besonders edle Farbe und schon die Priester im Tempel zu Jerusalem trugen Gewänder, die mit dieser Farbe geschmückt waren. Blau steht aber auch für Himmel und Meer und symbolisiert Weite im Denken. Mittlerweile sind auch Tallitot (Plural) in vielen anderen Farben üblich geworden.

Besucher und Besucherinnen werden keinen Tallit tragen, denn dies ist ein religiöses Gewand nur für Jüdinnen und Juden.

In jeder Synagoge gibt es den *Aron HaKodesch* hinter einem Vorhang (Parochet). Der Aron HaKodesch ist ein Schrank, in dem die Torahrollen und noch andere Rollen mit religiösen Texten aus der Hebräischen Bibel aufbewahrt sind.

Die größte Rolle umfasst die ersten fünf Bücher der Hebräischen Bibel, die Torah. Die kleinere Rollen enthalten zum Beispiel die Esther-Geschichte, die Ruth-Geschichte oder eine andere Textpassage aus der Hebräischen Bibel. Alle Rollen werden mit der Hand geschrieben, sorgfältig, Buchstabe für Buchstabe. Sie sind sehr wertvoll und werden in den jüdischen Gemeinden in hohen Ehren gehalten.

Jeden Schabbatmorgen wird die *Torahrolle* entfaltet. Ein Abschnitt daraus wird gesanglich in hebräischer Sprache vorgetragen. Dieser Vortrag ist eine Kunst, die Juden und Jüdinnen in Grundzügen erlernen können. Zur Perfektion jedoch bringt dies nur Chazanim oder Chazanot, jüdische Kantoren oder Kantorinnen. Eine jüdische Gemeinde kann ihre Gottesdienste und Feierlichkeiten komplett eigenständig gestalten. Jeder jüdische Jugendliche kann in Grundzügen lernen, durch einen Gottesdienst zu führen. Ein Rabbiner, eine Rabbinerin, ein Kantor oder eine Kantorin müssen nicht notwendig dabei sein, aber bereichernd sind sie auf jeden Fall. Rabbiner oder Rabbinerinnen über-

Aron HaKodesch
in der kleinen Synagoge
in Stuttgart, Foto:
Bernd Bunzen

Torah, Ausstellung im Großen Synagoge Museum 2006, Wlodawa; CC-SA

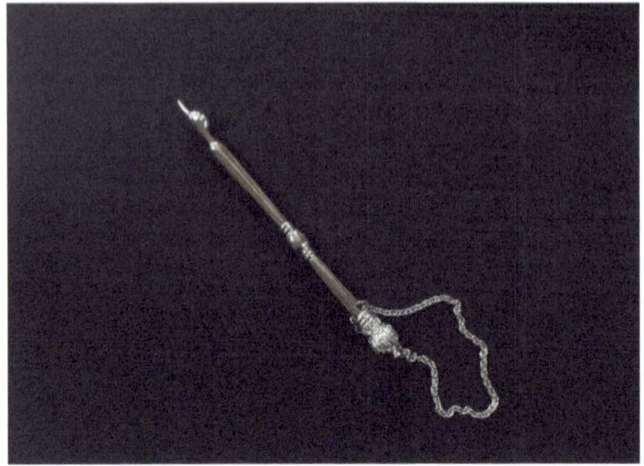

Jad, Foto: Bernd Bunzen

nehmen keine priesterliche Funktion. Sie sind sehr fundiert ausgebildete Gemeindeangestellte, die ihre Gemeindemitglieder beraten, ihnen die jüdische Tradition nahebringen und erklären, sicherstellen, dass die jüdischen Speisevorschriften in den Gemeinderäumen beachtet werden, und sie begleiten die Übergänge im Leben der Gemeindemitglieder.

Die Torahrollen sollen beim vielfachen Gebrauch auf keinen Fall verschmutzt oder beschädigt werden und so verwendet man beim Lesen eine *Jad*. Dies ist ein kleiner, kostbar ausgeformter Zeigestab, der oft in Form einer zierlichen Hand gestaltet ist.

In allen Synagogen brennt ein Licht, das *Ner Tamid* genannt wird. Es erinnert an die Menora, den siebenarmigen Leuchter, der vor langer Zeit ständig im Jerusalemer Tempel brannte.

Ner Tamid, Foto: Bernd Bunzen

Synagoge Stuttgart mit der Bimah in der Mitte, ausgerichtet auf den Aron HaKodesch, der sich hinter einem Vorhang vor der gegenüberliegenden Wand befindet, Foto: Bernd Bunzen

Stets gibt es in Synagogen eine *Bimah,* einen großen Tisch, auf dem die Torahrolle abgelegt wird. In orthodoxen Gemeinden weist die Bimah auf den Ahron HaKodesch hin, in konservativen und liberalen Gemeinden ist die Bimah den Gemeindemitgliedern zugewandt. In Synagogen, die offen sind für alle Strömungen im Judentum, ist die Bimah beweglich und wird je nach Nutzung gedreht.

In jeder jüdischen Gemeinde gibt es *eine koschere Küche,* die insbesondere dem Grundsatz folgt, das Milchiges und Fleischiges nicht vermischt werden soll. Damit dies durchgeführt werden kann, gibt es das Meiste in dieser Küche doppelt: Teller, Schüsseln, Töpfe, Besteck etc.

Die Kaschrut, die Lehre von einem koscheren jüdischen Leben, beruft sich u. a. auf den Torahsatz: „Koche nicht ein Böcklein in der Milch seiner Mutter." (Exodus 23,19, 34,26 und Deuteronomium 14,21) Dahinter mag u. a. stehen, dass Milch für das Leben steht und Fleisch immer den Tod eines Tieres voraussetzt. Auf einer tief symbolischen Ebene sollen diese beiden Ebenen beim Essen bedacht werden. Der Sinn der Kaschrut ist, ein jüdisches Leben bewusst zu führen. Die Regeln der Kaschrut verfügen über eine tiefe Symbolik, die zur

Reflexion einlädt: Wie steht es um mein Verhältnis zu Gott, dem Judentum, zu meinen Mitmenschen, zur Umwelt, zu mir selbst?

Zur Synagoge gehört ein Gemeinderaum. Dort werden die gemeinsamen Mahlzeiten nach einem Gottesdienst eingenommen. Dort wird gefeiert, diskutiert, dort finden Vorträge statt. Dorthin werden auch Gäste geladen. Selbstverständlich können angemeldete Gäste auch einen Gottesdienst miterleben.

4.14 In der Bildungsinstitution Kindertageseinrichtung über Antisemitismus sprechen

In einem meiner Seminare entwickelte sich aus einer studentischen Präsentation eine ganz spannende Diskussion: Studierende der Sozialen Arbeit und Studierende der Kindheitspädagogik hatten sich intensiv mit dem Thema ‚Antisemitismus' auseinandergesetzt. Dabei hatten einige der Studierenden ein Projekt entwickelt, um eine Gruppe von Kindern in einer Kindertagesstätte auf den Besuch einer Synagoge in Stuttgart vorzubereiten. Die Studierenden waren voller guter Ideen zum Thema. Am Ende ihrer Präsentationen stellte die Projektgruppe diese Frage in den Raum: „Wie sollen wir den Kindern die Sicherheitsbestimmungen erklären, denen sich alle Besucher und Besucherinnen einer Synagoge in Deutschland unterziehen müssen?".

Im anschließenden Seminargespräch bemühten wir uns alle miteinander um eine für die Kinder und für uns gleichermaßen wahrhaftige Antwort. Schnell wurde klar: Wir müssen mit den Kindern über Antisemitismus sprechen. Aber wie?

Mit dieser Frage ging ich heim und seither trug ich sie mit mir herum. Mittlerweile hat sich nach vielen Versuchen, eine sowohl für Erwachsene als auch für Kinder stimmige Antwort zu finden, ein Bilderbuch entwickelt: „Selma und Anton. Die Geschichte einer langen Freundschaft" (Kölsch-Bunzen/Goedelt 2021).

Zum Inhalt: Selma feiert als Hochbetagte ihren Geburtstag. Sie hat Anton eingeladen, ihren Freund aus Kindertagen. Im Fotoalbum blätternd erfahren Selmas Urenkelin Miri und Antons Urenkel Tom viel über alte Zeiten: über Kinderspiele, Spaß und Zusammenhalt, aber auch über Ausgrenzung, denn Selma ist als Jüdin immer stärker von Antisemitismus bedroht. Doch die beiden bleiben Freunde fürs Leben. Ihre Stärke und ihren Mut geben sie an die Urenkel weiter.

Das Ziel: Dieses Bilderbuch kann dabei unterstützen, mit Kindern, Eltern, Großeltern und Urgroßeltern, mit pädagogischen Fachkräften in Kindertageseinrichtungen und Lehrer*innen an Grundschulen ins Gespräch zu kommen über das schwierige Thema Antisemitismus. Den Kindern wird hier zugetraut, dass sie im Austausch mit Erwachsenen, inspiriert von Selma und Anton, Antworten auf diese Fragen finden: Was ist Antisemitismus? Welche Folgen kann Antisemitismus haben? Und vor allen Dingen: Was kann man dagegen tun? Dabei schaffen die einfühlsamen, sensiblen Bilder der Illustratorin Marion Goedelt eine Atmosphäre, die wie der Text auch zum gemeinsamen Entdecken, Erzählen, zum Hinterfragen und zum Nachdenken einladen.

Das Bilderbuch eignet sich für den Einsatz in Kindertageseinrichtungen und in Grundschulen.

Mittlerweile wurde zum Bilderbuch auch eine Handreichung entwickelt, die pädagogische Fachkräfte in Kindertageseinrichtungen und Lehrkräfte an Grundschulen in ihrer Bildungsarbeit im Umgang mit dem schwierigen Thema Antisemitismus unterstützt. Die Handreichung führt, wie das Bilderbuch auch, sehr vorsichtig an das Thema heran. Sie bietet sowohl für jüngere Kinder in Kindertageseinrichtungen als auch für ältere Kinder in der Grundschule viele differenzierte Anregungen zum Philosophieren und Theologisieren über Themen, die Kinder aus ihrem Alltag kennen. In der Handreichung finden sich zahlreiche Anregungen zum Malen, Basteln, Fotografieren, Backen, Singen und für erste Schreibversuche etc. (Kölsch-Bunzen 2023).

Die Handreichung ermutigt dazu, sich mit dem Bilderbuch Zeit zu lassen. Man kann sich Seite für Seite voranarbeiten. Die Kinder werden im Bilderbuch bei ihren Alltagserfahrungen abgeholt.

Urgroßmutter Selma zeigt den Kindern ein Fotoalbum. Auf den Fotos kann man sehen, wie Selma und ihr Freund Anton gespielt haben, was gar nicht so leicht war, denn Anton ist körperbehindert und benötigt einen Rollstuhl.

Ausschnitt aus dem Bilderbuch „Selma und Anton“

Aber die Kinder finden immer einen Weg, zusammenzuspielen. Die Spiele von damals sind auch heute noch populär. Kinder, die sich mit dem Bilderbuch beschäftigen, können sie gleich einmal nachspielen. Auch in der Handreichung finden sich dazu Tipps. Im Bilderbuch geht es um Freundschaft, um einander Beschenken. Es geht aber auch um Erfahrungen von Diskriminierung. Anton kann nicht auf Bäume klettern und muss erfahren, dass man ihn nicht mehr für einen ‚richtigen Jungen' hält. Auch vom Besuch der damals üblichen Volksschule wird er ausgeschlossen und zwangsweise in eine Sondereinrichtung eingeschult. Selma steht als gute Freundin immer zu ihm. Dann wird sie jedoch auch selbst als jüdisches Mädchen ausgegrenzt. Sie erlebt Vertreibung und Flucht. Die beiden Freunde werden getrennt und treffen sich erst viel später wieder. Die Freundschaft erweist sich wiederum als tragfähig. Die Urenkel Miri und Tom fragen genauer nach:

Ausschnitt aus dem Bilderbuch „Selma und Anton"

Im Text heißt es:

„Tom betrachtet das zweite Foto und wendet sich erstaunt an Miri: ‚Schau mal, deine Uroma trägt einen Stern auf der Jacke. Da steht ‚Jude' drauf.'

‚Na ja, klar', sagt Miri. ‚Wir sind ja auch Juden.'

Sie schaut noch einmal genauer hin: ‚Das sieht aber nicht wie ein Schmuck aus.'

Tom überlegt, was er über dieses Zeichen weiß: ‚Ich glaube, das musste deine Uroma tragen', sagt er.

‚Stimmt das?', fragt Miri ihre Uroma." (14)

Und auf den nächsten beiden Doppelseiten wird der Versuch unternommen, den Kern von Antisemitismus bildlich darzulegen:

Ausschnitt aus dem Bilderbuch „Selma und Anton"

Uroma Selma bestätigt Miri, dass es gut und richtig ist, dass sie beide jüdisch sind, und weist auch darauf hin, wie verschieden sie und die Urenkelin sind. Selma gibt Tom recht mit seiner Beobachtung: „Dieses Zeichen sollte hässlich aussehen und wir mussten es damals tragen." (16) Es fällt den Kindern schwer, hier Anknüpfungspunkte zu finden: „‚Das ist schwer zu verstehen', findet Miri, und auch Tom schüttelt verständnislos den Kopf." (16)

Anton gibt nun einen Hinweis, den die Kinder aufgreifen und weiterentwickeln können: Er fragt, welche Farben man braucht, um einen Menschen zu malen. Die Kinder sind der Ansicht, man braucht alle Farben der Welt und Licht und Schatten braucht man auch. Die Farben, die jeden Menschen als besonders charakterisieren, werden jüdischen Menschen im Antisemitismus entzogen.

Ausschnitt aus dem Bilderbuch „Selma und Anton"

Hier wird auch wissenschaftlich korrekt verdeutlicht, dass Antisemitismus eben kein Vorurteil ist, in dem negative Erfahrungen generalisiert werden. Deutlich wird, dass Antisemitismus wie eine Folie funktioniert, die über die Realität gelegt wird. Da spielt es keine Rolle, wie Jüdinnen und Juden ‚in Wirklichkeit' sind, die Vielfalt im Judentum wird ignoriert. Entscheidend ist das Bild, das sich Antisemit*innen von ‚dem Juden' machen. Auch das Hochgefährliche im Antisemitismus wird im Bilderbuch angedeutet. Selma und ihren Eltern ist noch eine späte Flucht gelungen. Die ernsthafte Frage von Tom wird ebenso ernsthaft von Selma beantwortet: „‚Konnten alle fliehen?', fragt Tom vorsichtig nach. ‚Nein, Tom', erwidert Selma traurig. ‚Leider nicht.'" (19)

Dann reagiert Selma genau so, wie man es oft von Zeitzeuginnen und Zeitzeugen, die die Schoah überlebt haben, erfährt. Selma schaltet um. Sie war bereit, wahrheitsgemäß Auskunft zu geben und die Fragen der Kinder zu beantworten. Nun möchte sie sich dem Leben wieder zuwenden. Sie nimmt ein altes Telefon aus dem Regal und berichtet, wie sie ihren guten Freund Anton wiedergefunden hat. Dann begeben sich alle vier ins Wohnzimmer, wo Selmas Freundinnen und Freunde schon auf sie warten, um ihren Geburtstag zu feiern.

4.15 Tikkun olam

Isaak Luria (1534–1572), ein bedeutender jüdischer Gelehrter im 16. Jahrhundert war noch zutiefst erschüttert von den Nachwirkungen der Vertreibungen der jüdischen Bevölkerung aus Spanien im Jahr 1492. Jüdinnen und Juden waren in die spanische Bevölkerung integriert, sie hatten zum Gedeihen des Landes beigetragen. Die Vertreibung war ein furchtbarer Einbruch in die Lebensvollzüge der Betroffen. Sicherheiten zerbrachen und auch der Glaube wurde befragt. (Scholem 1980, 285 ff.)

Vor diesem Hintergrund dachte Luria, der aus Kairo in die kleine Stadt Safed in Galiläa übergesiedelt war, erneut über die Schöpfung nach. Religiöse Fragen standen bei ihm im Vordergrund. Es mögen aber auch naturwissenschaftliche Ideen seiner Zeit in sein Denken eingeflossen sein. Man beschäftigte sich in Gelehrtenkreisen mit der naturwissenschaftlichen und auch philosophisch-theologischen Frage, was ein Zwischenraum ist: Ist er gefüllt mit einer unsichtbaren Substanz? Mit Äther? Er kann doch nicht leer sein – oder? Damit verbunden sind die religiösen Fragen: Aus was heraus konnte Gott etwas schöpfen? Vor allem Etwas – aus dem Nichts? Aber wie kann aus dem Nichts Etwas werden? Luria stellt als frommer Jude Überlegungen an auf der Höhe seiner Zeit. Seine Grundfrage lautete: Was war eigentlich vor der Erschaffung der Welt? Aus jüdischer Sicht konnte die Antwort nur lauten: Das ganze Universum war von Gott erfüllt. Wenn aber der Kosmos von Gott erfüllt war, wie können dann Himmel und Erde darin ihren Platz finden? Luria überlegte sich: Dies kann nur geschehen, wenn Gott sich zurückzieht. Dieser Selbstrückzug geschah, vermutete Luria, aus freiem Willen als Selbstkonzentration Gottes. Diesen Rückzug Gottes in sich selbst vor der Schöpfung nannte Luria ‚Zimzum'.

Ideen, dass Gott sich zusammenziehen könnte, um den Menschen nahe zu sein, existierten schon vorher, aber Lurias ‚Zimzum' war neu (Schulte, 2014, 68 f.).

Für den nächsten weiterführenden Gedanken könnte Luria eine Experimentierkammer der damaligen Zeit vor Augen gehabt haben, angefüllt mit vielen Gefäßen, in denen sich geheimnisvolle Flüssigkeiten befinden, die erhitzt werden und verdampfen, evtl. Kristalle hinterlassen, die man zuvor nicht sehen konnte. Faszinierend, aber auch gefährlich: Wenn die Gefäße zu heiß werden, zerplatzen sie und verstreuen ihre Splitter im ganzen Raum. Vielleicht inspirierte dies Luria zu einem weiteren kühnen Gedanken, dass es so auch mit der Schöpfung gewesen sein könnte. Gott habe, so vermutete er, seine Energie in Gefäße gegeben, jedoch die seien durch die Macht des Lichts zersprungen.

Diese Hypothese hatte für den jungen jüdischen Gelehrten einen großen Erklärungswert. Sie sprach ihn intellektuell und emotional an. Für Luria war es zuallererst eine religiöse Wahrheit, die Widersprüche umgreifen und weiter bestehen lassen konnte, keine naturwissenschaftliche. Gott umgibt, so Luria, die Welt und lässt ihr Raum. Gott ist präsent und zugleich schränkt er weltliche Autonomie nicht ein.

Luria verstarb früh mit 38 Jahren. Kaum schrieb er je etwas auf. Er wollte seine Gedanken im Gespräch frei fließen lassen. Seine Schüler fassten schließlich seine Ideen schriftlich zusammen. Für sie und für viele jüdische Menschen seither sind sie bis heute eine Quelle der Inspiration. Die Frömmigkeit chassidischer Jüdinnen und Juden im osteuropäischen Schtetel, in Stadtbezirken und Dörfern mit mehrheitlich jüdischer Bevölkerung, schöpfte aus dieser Vorstellungswelt. Der jüdische Künstler Barnett Newman (1905–1970) versuchte seine Vorstellung von ‚Zimzum' in monumentalen Skulpturen zum Ausdruck zu bringen. Der von jüdischer Gelehrsamkeit faszinierte Künstler Anselm Kiefer (1945) näherte sich der ‚Zimzum-Idee' mit künstlerischen Mitteln. Auch der jüdische Philosoph Hans Jonas (1903–1993) griff Vorstellungen Lurias auf und arbeitet sie in seinen Werken „Gottesbegriff nach Auschwitz" (1987) und „Das Prinzip Verantwortung. Versuch einer Ethik für die technologische Zivilisation" (1984) kreativ zu einer eigenen zeitgenössischen Position weiter aus.

Der Grundgedanke im ‚Zimzum' ist: Die Welt ist nicht heil. Teile von ihr liegen in Scherben. Lurias Antwort auf diese mystische Vorstellung war eine ethische. Nach Luria gilt es ‚Tikkun olam' zu leisten, was bedeutet: die Welt zu reparieren. Ohne Gottes Selbstrücknahme gäbe es keine Welt, an der die Menschen Anteil haben könnten. Daraus folgt eine große Verantwortung für die Menschen. Sie sind aufgerufen, sich selbst zu gestalten und die Welt zu ‚reparieren'. Mittlerweile wird ‚Zimzum' im Judentum auch ökologisch ausbuchstabiert. Demnach könnte der selbstbestimmte Rückzug Gottes, damit die Welt entstehen kann, Vorbild sein für ein Verhältnis des Menschen zur natürlichen Umwelt, welches auch ihr Raum lässt und sie doch behütet.

Foto: Bernd Bunzen

Wieder zeigt sich jüdisches Denken auf einer höchst bildhaften, symbolischen Ebene (Scholem 1980, 287). Gerade Tikkun olam, mitzuhelfen, sich selbst zum Guten zu führen, mitzuhelfen, die Welt zu verbessern, ist ein Gedanke, der im Judentum weltweit sehr verbreitet ist.

So weist beispielsweise der Zentralrat der Juden in Deutschland (2022b) in einem aktuellen Aufruf auf den alljährlichen ‚Mitzwa-Tag' am 15. November hin und weiß, dass viele Gemeindemitglieder diesen Appell sofort verstehen:

„Der Mitzvah Day – zu Deutsch ‚Mizwa-Tag' – ist der alljährliche internationale jüdische Aktionstag für gute Taten. ‚Mizwa' ist Hebräisch und bedeutet umgangssprachlich ‚gute Tat'. Wir spenden unsere Zeit, um Hilfe und Freude dorthin zu bringen, wo sie nötig sind. An diesem Tag geht es ausdrücklich nicht um Geld, sondern darum, in der Gemeinschaft zu erleben, dass jeder – wirklich jeder – unsere Welt ein kleines Stück besser machen kann. Und wie einfach das sein kann. Auf der Basis zentraler jüdischer Werte wie: Tikkun Olam (‚Verbesserung die Welt'), Zedek (‚Gerechtigkeit') und Gemilut Chassadim (‚Mildtätigkeit') sollen Juden und Nicht-Juden zusammenkommen, um gemeinsam starke Nachbarschaften zu bilden und die Zivilgesellschaft zu stärken. Gemeinsame Werte kennen und stärken lautet die Devise am Mitzvah Day. Getreu dem Motto aus den Sprüchen der Väter (4,2): Mizwa goreret Mizwa (‚Eine gute Tat führt zur nächsten')."

Mitzwot (Plural), gute Taten auszuführen, ist keine lästige Pflicht, sondern mit ihnen kann man jeden Tag sich selbst und die Welt ein wenig besser machen.

In der Kindertageseinrichtung kann man den Gedanken, Mitzwot, gute Taten, zu vollbringen, mit dem sehr fröhlich gezeichneten und mit ganz kurzen Texten versehenen Bilderbuch von Suneby/Heiman (2014) vorstellen. Dort führen sehr menschlich wirkende, gut gelaunte Tiere gemeinsam viele gute Taten aus. Jedes Mal nach getaner Arbeit rufen sie: Es ist eine Mitzwa! – und haben jede Menge Spaß dabei.

Literaturhinweis:

Suneby, L./Heiman, D./Molk, L. (2014): Es ist … es ist … es ist eine Mitzwa, Berlin: Jüdische Verlagsanstalt

5. Schluss

Zum Abschluss sollen die wichtigsten Aspekte im Buch noch einmal kurz zusammengefasst werden:

- Antisemitismus verneint die Menschenwürde von Jüdinnen und Juden. Die Geschichte lehrt, dass über den Antisemitismus sehr schnell die Menschenwürde von sehr vielen anderen gesellschaftlichen Gruppierungen infrage gestellt werden kann.
- Antisemitismus ist menschenrechtswidrig und im Kern eliminatorisch. Er stellt somit eine ernste Bedrohung für die Demokratie dar.
- Antisemitismus bedroht Jüdinnen und Juden in oft lebensgefährlicher Weise. Er stellt jedoch ein Problem dar, welches die Mehrheitsgesellschaft lösen muss, denn dort sind die antisemitischen Einstellungen verbreitet. Aus der Mehrheitsgesellschaft müssen insofern aus eigenem Antrieb heraus die Aktivitäten erfolgen, die sich gegen Antisemitismus wenden.
- Bildungseinrichtungen, die den Wert der Menschenwürde in den Vordergrund stellen und in demokratischen Prozedere die Chance erblicken, Menschenwürde zu realisieren, sehen sich in der Verantwortung, Antisemitismusprävention in den Strukturen und Prozessen nachhaltig zu verankern, und verpflichten sich auf ein pädagogisch angemessenes Handeln bei antisemitischen Vorfällen. Glaubwürdigkeit erhält dieses Vorgehen dadurch, dass in Bildungseinrichtungen grundsätzlich menschenrechtsorientierte und demokratische Verfahren und Programme gegen strukturelle und gegen personenbezogene Diskriminierung vorhanden sind.
- Kultur wird als ‚Landkarte der Bedeutungen' konzipiert. Weder wird Kultur als nach innen homogen noch nach außen strikt abgeschlossen betrachtet. Auch für den Bereich der Religion, vielleicht gefasst als ‚ultimate concern', als das, ‚was einen Menschen unbedingt angeht', gilt dies.
- Judentum ist vielfältig. Dies in Bildungssituationen zu verdeutlichen, stellt schon einen wichtigen Beitrag gegen Antisemitismus dar.
- Geboten ist bereits in elementarpädagogischen Bildungsinstitutionen, dass pädagogische Fachkräfte über eine professionelle Kultur- und Religionssensibilität verfügen. Dies ist nicht abhängig davon, ob die pädagogischen Fachkräfte sich selbst als religiös bezeichnen würden oder nicht.

- In diesem Buch erhalten die pädagogischen Fachkräfte in Kindertageseinrichtungen eine Fülle von Hinweisen und Praxistipps, wie sie die Kinder dabei unterstützen können, ein realistisches Bild von vielfältigem jüdischen Leben, von jüdischer Religion und vom Staat Israel aufzubauen.
- Wichtig ist bei allen Bildungsaktivitäten zur Antisemitismusprävention, zur Information über jüdisches Leben, jüdische Religion und über Israel, dass die Kinder Spaß an den Angeboten haben. Es geht zunächst in der Elementarpädagogik darum, die guten Geschichten zu erzählen, um auch positive kognitive und emotionale Anknüpfungspunkte für die Kinder offenzuhalten, die in späteren Jahren vertieft werden können.
- Pädagogische Fachkräfte sollten Mut zum Experiment haben. Sie sollten sich trauen, etwas auszuprobieren. Falls dies bei den Kindern noch nicht so gut, wie erhofft, ankommt, sollte man nicht resignieren, sondern andere Wege suchen.
- Sehr wichtig ist, dass man als pädagogische Fachkraft selbst hinsichtlich des Themas Antisemitismus wohlinformiert und innerlich geordnet ist. Professionell reflektiert werden sollten die eigenen Gefühle im Blick auf Antisemitismus und auf die Schoah. Auch die eigene religiöse Sozialisation und das Wissen aus Schulbüchern sollte man noch einmal Revue passieren lassen. Was davon entspricht noch dem neuen Forschungsstand? Was kann als überholt gelten?
- Das Thema Antisemitismusprävention in elementarpädagogischen Bildungsinstitutionen ist neu. Es ist erfolgsversprechend, wenn Kolleg*innen, die an Hochschulen Kindheitspädagogik bzw. Soziale Arbeit lehren oder an Fachschulen Erziehungsfachkräfte ausbilden, wenn Fachschüler*innen der Sozialpädagogik, Studierende der Kindheitspädagogik, pädagogische Fachkräfte, Erzieher*innen und Kindheitspädagog*innen in Kindertageseinrichtungen, Leiter*innen von Kindertagesstätten, Fachberater*innen, pädagogische Berater*innen von Trägern sozialer Einrichtungen, aber auch wenn Tageseltern sowie Väter, Mütter und Angehörige sich dieses Themas entschlossen annehmen.

Wir alle dürfen es nicht mehr akzeptieren, dass Antisemitismus an eine nächste Generation weitergegeben wird.

Erzählt werden sollten frühzeitig die guten, der Wahrheit verpflichteten, realistischen Geschichten über die Vielfalt jüdischen Lebens in Vergangenheit und Gegenwart, über die reichhaltige Symbolwelt jüdischer Religion, über die faszinierende Vielfalt der Kulturen in Israel. Dann haben die falschen, phantasmagorischen, antisemitischen Vorstellungen kaum noch eine Chance.

Glossar

Antisemitismus Arbeitsdefinition der International Holocaust Remembrance Alliance/Internationale Allianz zum Holocaustgedenken (2021), die mittlerweile von den EU-Staaten als Arbeitsgrundlage übernommen wurde (Bundesverband RIAS 2020): „Antisemitismus ist eine bestimmte Wahrnehmung von Jüdinnen und Juden, die sich als Hass gegenüber Jüdinnen und Juden ausdrücken kann. Der Antisemitismus richtet sich in Wort oder Tat gegen jüdische oder nichtjüdische Einzelpersonen und/oder deren Eigentum sowie gegen jüdische Gemeindeinstitutionen oder religiöse Einrichtungen."

Antijudaismus Negative Aussagen gegen das Judentum als Religion: Im Christentum resultierte der neutestamentliche Antijudaismus aus einer Konkurrenzsituation der sich entwickelnden christlichen Gemeinden gegenüber der jüdischen Religion. Antijudaismus findet sich auch in einigen Passagen des Koran und der Sunna im Islam. Antijudaismus gehört nicht zum Kernbestand der christlichen Religion oder des Islam. Es obliegt den Verantwortungsträger*innen beider Religionen, die Gläubigen hierüber in Kenntnis zu setzen. Es liegt in der Verantwortung der Gläubigen, sich angemessen zu informieren.

Araon HaKadosch Kostbar verzierter Schrank in einer Synagoge, in dem die Torahrolle und mitunter auch andere Megillot aufbewahrt werden.

Betzah Ei auf dem Sederteller zu Pessach.

Bimah Großer Tisch in der Synagoge, auf dem die Torahrolle abgelegt wird.

Channukah Neunarmiger Leuchter, der zu den Chanukkah-Feierlichkeiten eingesetzt wird.

Chanukkah Drei wichtige Ereignisse werden anlässlich der Festtage vergegenwärtigt: Die Befreiung von Übergriffen hellenistischer Herrschaft, die Wiedereinweihung des Tempels in Jerusalem und ein acht Tage währendes Lichtwunder.

Charosset Ein Fruchtmus, das zum traditionellen Sedermahl gegessen wird. Es erinnert an den Lehm, aus dem in ägyptischer Sklaverei die Ziegel gebrannt wurden.

Chasan/Chasanith Kantor/Kantorin in einer jüdischen Gemeinde.

Dimensionen der Intersektionalität Dimensionen, an denen ungerechte Ressourcenverteilung, erzwungene Lebenspraxis und soziale Nicht-Anerkennung ansetzen können: Geschlecht, ‚Rasse', Zugehörigkeit zu einer sozialen Schicht/Klasse, Körperformen, Behindert-Werden, Alter, Antisemitismus. Diese Dimensionen können sich überschneiden und gegenseitig verstärken.

Hebräische Bibel Zusammenstellung von 24 Büchern der jüdischen Heiligen Schrift.

Jad Heißt übersetzt ‚Hand'. Der Lesestab in Form einer kleinen, zierlichen Hand hilft beim Lesen aus der Torah.

Jom Kippur Der Versöhnungstag ist der höchste jüdische Feiertag.

Karpas Sellerie oder Petersilie wird am Sederabend in etwas Salzwasser getaucht und symbolisiert Bitternis und Tränen der Sklaverei in Ägypten.

Kaschrut Lehre von der Tauglichkeit von Lebensmitteln und anderen Objekten für die Nutzung in einem koscheren Haushalt oder in der Synagoge.

Kippah Jüdische Kopfbedeckung.

koscher Kosher bedeutet ‚tauglich' bzw. ‚rein' für den Verzehr oder Gebrauch.

Mazze Ist ein sehr dünnes Fladenbrot, das ohne Backtriebmittel hergestellt wird. Es vergegenwärtigt das hastig gebackene Brot kurz vor dem Auszug aus Ägypten.

Megillat/Megillot Die fünf Bücher der Hebräischen Bibel (Hohes Lied, Ruth, Klagelieder, Prediger Salomo, Esther) werden jeweils auf eine Rolle (Megillat) von Hand geschrieben und an unterschiedlichen jüdischen Festtagen verlesen.

Mesusah Schmales Kästchen mit einer kleinen Schriftrolle, die an Türen in Synagoge und Privathaushalt angebracht wird.

Mizrajim Biblischer Ausdruck für Ägypten.

Mitzwah/Mitzwot Eine gute Tat/gute Taten.

Ner Tamid Das ‚Ewige Licht' in einer Synagoge erinnert an den siebenarmigen Leuchter, der sich im Tempel zu Jerusalem befand.

Persona Doll® Eine Puppe, die vom ‚Projekt Kinderwelten' in Kindertageseinrichtungen und Grundschulen eingesetzt wird, um dort ein positives Verständnis für Vielfalt zu entwickeln.

Pessach Jüdische Feierlichkeit, bei der der Auszug der Israeliten aus ägyptischer Sklaverei vergegenwärtigt wird.

Phantasmagorie Ein Trugbild, das sich nicht auf die Realität bezieht.

Purim Fest der Lose bezieht sich auf die Legende von der Rettung der Israeliten im Perserreich vor einem Pogrom durch das kluge Handeln der schönen Königin Esther.

Maror Bitterkraut für den Sederabend symbolisiert die Bitternis der Sklaverei.

Religion Wird hier in einem weiten Sinne aufgefasst. Tillich (2008a) definiert Religion als ‚ultimate concern', als eine Sache, die Menschen ‚unbedingt angeht'.

Religiöse Sprache Religiöse Sprache sollte nicht als ein Life-Dabei aufgefasst werden. Religiöser Sprache gelingt es, wie Luhmann (2002) darstellt, „Sinnprobleme als Paradoxieentfaltungsprobleme" zum Ausdruck zu bringen.

Rosch HaSchannah Jüdisches Neujahrsfest.

Schabbat In Erinnerung an Gottes Ruhetag nach der Schöpfung bietet der Schabbat für Jüdinnen und Juden einmal in der Woche eine Chance, sich von der Arbeit zu befreien, einen erholsamen Tag zu verbringen und religiösen und spirituellen Bedürfnissen nachzugehen.

Schawuot Das Wochenfest 50 Tage nach Pessach ist das Fest der Weizenernte in Israel und hat sich zum Fest des Gedenkens an die Gabe der Torah entwickelt.

Schemini Azeret Achter Tag des Laubhütten-Festes.

Schofar Widderhorn, dem durchdringende, aufrüttelnde Töne entlockt werden können.

Seder Gebetsordnung und Mahlzeit am Pessach-Abend.

Sederteller Teller mit verschiedenen symbolischen Speisen, die an den Auszug aus Ägypten erinnern: drei Mazzot, ‚Erdfrüchte' (Radieschen, Sellerie oder Petersilie), ein Gefäß mit Salzwasser, Bitterkraut (Meerrettich oder Kopfsalat), ein aus geriebenen Äpfeln, Mandeln, Zimt und Wein bereitetes bräunliches Mus, ein Lammknochen und ein gekochtes Ei.

Seroah Lammknochen für den Sederteller.

Simachat Torah Ein Freudenfest im Herbst. Es werden Ende und Anfang eines Torahlesungszyklus zelebriert.

Talionsprinzip Prinzip der Widergutmachung: Die Bestimmung ‚Auge um Auge' ist dem Talionsprinzip zuzuordnen, nach dem bei schuldhafter Zerstörung eines Auges vom Verursacher Ersatz geleistet werden muss.

Tallit/Tallitot Jüdischer Gebetsschal.

Talmud Der Talmud (übersetzt: Belehrung, Studium) ist ein bedeutendes vielbändiges Werk des Judentums. Er besteht aus der Mischna (Sammlung religionsgesetzlicher Überlieferungen) und der Gemara (Erläuterungen zur Mischna). Der Talmud liegt in zwei Ausgaben vor: dem umfangreichen Babylonischer Talmud (bT) und dem schmaleren Jerusalemer Talmud (jT). Die gelehrten Rabbinen diskutieren im Talmud Texte der Hebräischen Bibel und beziehen sie auf die Verhältnisse in ihrer Zeit.

Tetragramm JHWH, Vierzeichen, weist auf Gott hin.

Tikkun olam ‚Reparatur' der Welt durch gute Taten.

Torah Die ersten fünf Bücher der Hebräischen Bibel.

Zimzum Zurückziehung Gottes, um der Schöpfung Raum zu geben.

Zizith/Zizijot Fransen am jüdischen Gebetsschal.

Literaturverzeichnis

Adorno, Th. W. (2003): Minima moralia. Reflexionen aus dem beschädigten Leben, in: ders.: Gesammelte Schriften 4, Frankfurt a. M.: Suhrkamp

Al-Buchārī (1991): Die Sammlung der Hadithe, Stuttgart: Reclam, ausgewählt, aus dem Arabischen übersetzt und herausgegeben von Dieter Ferchl

Allport, G. W. (1979): The Nature of Prejudice, New York: Perseus Book Publishing

Asad, M. (2015): Die Botschaft des Koran. Übersetzung und Kommentar, 4. Auflage, München: Patmos

Azun, S./Enßlin, U./Henkys, B./Krause, A./Wagner, P. (2009): Mit Kindern ins Gespräch kommen. Vorurteilsbewusste Bildung und Erziehung mit Persona Dolls®, Berlin: Projekt Kinderwelten/ INA gGmbH an der Freien Universität Berlin

Balibar, E. (2014): Gibt es einen Neo-Rassismus?; in: Balibar, E./Wallerstein, I. (Hg.): Rasse, Klasse, Nation. Ambivalente Identitäten, Hamburg: Argument Classics

Bauer, Th. (2015): Die Kultur der Ambiguität. Eine andere Geschichte des Islams, 4. Auflage, Berlin: Verlag der Weltreligionen

Beci, V./Lüdenbach, J./Schumann, P. (2018): Ein Hund für unsere Kita. Durch tiergestützte Pädagogik in Kindergruppen das Verantwortungs- und Selbstwertgefühl stärken, Aachen: Ökotopia

Bergmann, W. (2012): Antisemitismus; in: Pelinka, A. (Hg.): Vorurteile. Ursprünge, Formen, Bedeutung, Berlin/Boston: De Gruyter, 33–68

Bergmann, W./Wyrwa, U. (2011): Antisemitismus in Zentraleuropa, Darmstadt: Wissenschaftliche Buchgesellschaft

Berlin, A: (2011): The Oxford Dictionary of the Jewish Religion, 2. Auflage, New York/Oxford: University Press

Bernlochner, M. (2013). Interkulturell-interreligiöse Kompetenz. Positionen und Perspektiven interreligiösen Lernens im Blick auf den Islam. Paderborn, München/Wien/Zürich: Schöningh

Bernstein, J. (2020): Antisemitismus an Schulen in Deutschland: Befunde – Analysen – Handlungsoptionen, Weinheim/Basel: Beltz Juventa

Blume, M. (2019): Warum der Antisemitismus uns alle bedroht: Wie neue Medien alte Verschwörungsmythen befeuern, Ostfildern: Patmos

Bolz, M./Grenner, K./Schlecht, D./Tietze, W., Wellner, B. (2005): Krippen-Skala (KRIPS-R). Feststellung und Unterstützung pädagogischer Qualität in Krippen, Stuttgart: Cornelsen Scriptor

Botschaft des Staates Israel in Berlin (2016): Islam und Muslime in Israel; in: https://embassies.gov.il/berlin/AboutIsrael/the-middle-east/Pages/Islam-in-Israel.aspx; aufgerufen am 31.08.2022

Bowles, M. (2004): Little Book of Persona Dolls, London: Featherstone Education Ltd

Brandt, S./Lefin, P. (2020): Ester hilft ihrem Volk. Kamishibai Bildkartenset. Entdecken – Erzählen – Begreifen, Ensdorf: Don Bosco Medien

Brandt, S./Lefin, P. (2022): Rut und Noomi fangen neu an. Kamishibai Bildkartenset. Entdecken – Erzählen – Begreifen, Ensdorf: Don Bosco Medien

Brumlik, M. (2009): Kurze Geschichte Judentum, Berlin: Verlagshaus Jacoby & Stuart

Brumlik, M. (2016): Fundamentalismus und Soziale Arbeit; in: Lutz, R./Kiesel, D. (Hg.): Sozialarbeit und Religion. Herausforderungen und Antworten. Grundlagentexte soziale Berufe, Weinheim/Basel: Beltz Juventa, 78–89

Bundesministerium des Inneren und für Heimat (BMI) (2022): Jüdische Gemeinschaft in Deutschland; in: https://www.bmi.bund.de/DE/themen/heimat-integration/staat-und-religion/juedische-gemeinschaft/juedische-gemeinschaft-node.html; aufgerufen am 26.08.2022

Bundesministerium für Wirtschaft und Klimaschutz (2022): Länder und Berufsprofile. Israel; in: https://www.bq-portal.de/db/L%C3%A4nder-und-Berufsprofile/israel; aufgerufen am 31.08.2022

Bundeszentrale für politische Bildung (bpb) (2020): Nahost/Naher Osten; in: https://www.bpb.de/nachschlagen/lexika/politiklexikon/17880/nahost-naher-osten; aufgerufen am 01.09.2021

Büttner, G./Dieterich, V.-J. (2013): Entwicklungspsychologie in der Religionspädagogik, Stuttgart: Vandenhoeck & Ruprecht

Büttner, G./Dieterich, V.-J. (Hg.) (2000): Die religiöse Entwicklung des Menschen. Ein Grundkurs. Stuttgart: Calwer

Cavalli-Sforza, L./Cavalli-Sforza, F. (1996): Verschieden und doch gleich. Ein Genetiker entzieht dem Rassismus die Grundlage, München: Droemersche Verlagsanstalt

Cheema, S.N./Broder, N. (2016): Wahrnehmung von ‚religiösen Konflikten' im pädagogischen Raum. Ausschlüsse, Ansprachen und Auswirkungen; in: Lutz, R./Kiesel, D. (Hg.): Sozialarbeit und Religion. Herausforderungen und Antworten, Weinheim/Basel: Beltz Juventa, 177–192

Clark, K.B./Clark, M.P. (1947): Racial Identification and Preference in Negro Children; in: Readings in Social Psychology, hrsg. von Newcomb, T.M./Hartley, E.L., New York: Rinehart & Winston, 169–178

Cornelis de Vos, J. (2010): Land; in: WiBiLex. Das wissenschaftliche Bibellexikon im Internet der Deutschen Bibelgesellschaft; https://www.bibelwissenschaft.de/wibilex/das-bibellexikon/lexikon/sachwort/anzeigen/details/land/ch/e2e4e6f05fd0d13c3e9e4320a6952c2f/; aufgerufen am 02.09.2021

Decker, O./Brähler, E. (Hg.) (2020): Autoritäre Dynamiken. Neue Radikalität – alte Ressentiments. Leipziger Autoritarismus Studie 2020, Gießen: Psychosozial-Verlag

Deutsche Bibelgesellschaft (2021): Das Neue Testament jüdisch erklärt, Stuttgart: Deutsche Bibelgesellschaft

Dewey, J. (2011): Demokratie und Erziehung. Eine Einleitung in die philosophische Pädagogik, 5. Auflage, Weinheim/Basel: Beltz

Di Lernia, G. (2018): Jona und der Wal, London: Dorling Kindersley

Dornes, M. (2001): Der kompetente Säugling. Die präverbale Entwicklung des Menschen, Frankfurt a.M.: Fischer TB

Duden (2020): Die deutsche Rechtschreibung, 28. Auflage, Berlin: Dudenverlag

Economist Intelligence Unit (2021): Democracy Index 2020. In sickness and in health?; in: https://pages.eiu.com/rs/753-RIQ-438/images/democracy-index-2020.pdf; aufgerufen am 3.01.2022

Erdtmann, R. (2014): Die Geschichte von Purim. Das Buch Esther: Aus der Bibel nacherzählt für Kinder, in North Charleston: Createspace

Fazekas, A. (2022): Israel. Eine Schule für Toleranz; in: https://www.sternsinger.de/eine-schule-fuer-toleranz/; aufgerufen am 30.08.2022

Fischer-Weiss, S. (2021): Meine erste Haggadah, Berlin: Ariella

Forst, R. (2003): Toleranz im Konflikt. Geschichte, Gehalt und Gegenwart eines umstrittenen Begriffs, Frankfurt a.M.: Suhrkamp

Forst, R. (2015): Normativität und Macht. Zur Analyse sozialer Rechtfertigungsordnungen, Berlin: Suhrkamp

Fowler, J.W. (2001): Faith Development Theory and the Postmodern Challenges; in: The International Journal for the Psychology of Religion, 11 (3), 159–172

Fuchs, B. (2001): Eigener Glaube – fremder Glaube. Reflexionen zu einer Theologie der Begegnung in einer pluralistischen Gesellschaft, Münster/Hamburg/Berlin/London: Lit

Gerhard, U. (1999): Atempause: Feminismus als demokratisches Projekt, Frankfurt a.M.: Fischer TB

Ginzberg, L. (2022): Die Legenden der Juden, Berlin: Jüdischer Verlag bei Suhrkamp

Goldschmidt, L. (1996): Der Babylonische Talmud. Nach der ersten zensurfreien Ausgabe unter Berücksichtigung der neueren Ausgaben und handschriftlichen Materials neu übertragen Gebundene Ausgabe, Band I–XII, Frankfurt a.M.: Jüdischer Verlag bei Suhrkamp

Grund-Wittenberg, A. (2020): Auge um Auge, Zahn um Zahn … Nicht Vergeltung, sondern angemessener Ausgleich; in: Hieke, Th./Huber, K. (Hg.): Bibel Falsch verstanden. Hartnäckige Fehldeutungen biblischer Texte erklärt, Stuttgart: Verlag Katholisches Bibelwerk, 109–116

Gutknecht, D. (2012): Bildung in der Kinderkrippe. Wege zur professionellen Responsivität, Stuttgart: Kohlhammer

Habermas, J. (1919): Hat die Demokratie noch eine epistemische Dimension? Empirische Forschung und normative Theorie; in: Habermas, J.: Ach, Europa, Frankfurt a.M.: Suhrkamp, 138–191

Habermas, J. (2005): Vorpolitische Grundlagen des demokratischen Rechtsstaates?; in: Habermas, J./Ratzinger, J.: Dialektik der Säkularisierung. Über Vernunft und Religion, Freiburg/Basel/Wien: Herder

Halberstam, M./Cote, N. (2010): Ein Pferd zu Chanukka, Berlin: Ariella

Halberstam, M./Cote, N. (2015): Im Galopp aus Ägypten, Berlin: Ariella

Halberstam, M./Späth, J. (2021): Lena feiert Pessach mit Alma, Berlin: Ariella

Harig, J. (2022): Formen Gruppenbezogener Menschenfeindlichkeit. Rassismus und Antisemitismus; in: https://www.anders-denken.info/informieren/rassismus-und-antisemitismus; aufgerufen am 27.08.2022

Hartman, D. (2002): A Heart of many rooms; Woodstock: Jewish Lights Publishing

Hell, D. (2019): Lob der Scham. Nur wer sich achtet, kann sich schämen, Freiburg: Herder

Henning, M. (2004): Der Koran. arabisch – deutsch, 4. Auflage, Istanbul: Baski

Hestermann, J./Nathanson, R./Stetter, S. (2022): Deutschland und Israel heute. Zwischen Verbundenheit und Entfremdung, Gütersloh: Bertelsmann Stiftung; in: https://www.bertelsmann-stiftung.de/fileadmin/files/BSt/Publikationen/GrauePublikationen/Deutschland_Israel_heute_2022.pdf; aufgerufen am 10.09.2022

Hieke, Th./Huber, K. (Hg.) (2020): Bibel Falsch verstanden. Hartnäckige Fehldeutungen biblischer Texte erklärt, Stuttgart: Verlag Katholisches Bibelwerk

Hirschfeld, L. (2008): Children's Developing Conceptions of Race, in: Quintana, S./McKnown, C. (Hg.): Handbook of Race, Racism and the Developing Child, Hoboken, New Jersey: John Wiley and Sons, Inc., 37–54

Hochschulnetzwerk Bildung und Erziehung in der Kindheit (2012): Rahmencurriculum BA Frühe Bildung, Freiburg: FEL-Verlag

Honneth, A. (1994): Kampf um Anerkennung. Zur moralischen Grammatik sozialer Konflikte, Frankfurt a.M.: Suhrkamp

Hull, J.M. (1997): Wie Kinder über Gott reden: Ein Ratgeber für Eltern und Erziehende, Gütersloh: Gütersloher Verlagshaus

Humboldt, W. v. (1903): Die Bildung des Menschen; in: Werke I, 1785–1795, Berlin: De Gruyter, 282–285

Humboldt, W. v. (1967): Ideen zu einem Versuch, die Grenzen der Wirksamkeit des Staates zu bestimmen, Stuttgart: Reclam

Institut für den Situationsansatz (ista) (2022): Die Methode Persona Dolls®; in: https://situationsansatz.de/fortbildung_vbue/persona-dolls/; aufgerufen am 29.08.2022

Israel als Demokratie: Economist Intelligence Unit (2021): Democracy Index 2020. In sickness and in health?; in: https://pages.eiu.com/rs/753-RIQ-438/images/democracy-index-2020.pdf; aufgerufen am 3.01.2022

Jonas, H. (1984): Das Prinzip Verantwortung. Versuch einer Ethik für die technologische Zivilisation, Frankfurt a.M.: Suhrkamp

Jonas, H. (1995): Der Gottesbegriff nach Auschwitz. Eine jüdische Stimme, 6. Auflage, Frankfurt a.M.: Suhrkamp

Kashi, U. (2021): Interview mit Ella einer pädagogischen Fachkraft in einer staatlichen, arabisch-jüdischen Kindertageseinrichtung in Israel, unveröffentlichtes Manuskript

Kiess, J./Decker, O./Heller, A./Brähler, E. (2020): Antisemitismus als antimodernes Ressentiment. Struktur und Verbreitung eines Weltbildes; in: Decker, O./Brähler, E. (Hg.) (2020): Autoritäre Dynamiken. Neue Radikalität – alte Ressentiments. Leipziger Autoritarismus Studie 2020, Gießen: Psychosozial-Verlag, 211–148

Kimmel, E.A./Weber, J. (2018): Die Geschichte von Esther, Kharkiv (Ukraine): Holiday House

Klafki, W. (2007): Neue Studien zur Bildungstheorie und Didaktik. Zeitgemäße Allgemeinbildung und kritisch-konstruktive Didaktik, 6. Auflage, Weinheim/Basel: Beltz

Klöpper, D./Schiffner, K./Heidenreich, J. (2004): Gütersloher Erzählbibel, Gütersloh: Gütersloher Verlagshaus

Knitter, P. F. (1988): ein Gott – viele Religionen. Gegen den Absolutheitsanspruch des Christentums, München: Kösel
Koller, C. (2009): Rassismus, Paderborn: Ferdinand Schöningh
Kölsch-Bunzen, N. (2022): Gut aufgestellt gegen Antisemitismus? Die Förderung von Antisemitismusprävention in Kindertagesstätten und Schulen durch Kinderbibeln, Kinderkorane und Schulbücher, Weinheim/Basel: Beltz Juventa
Kölsch-Bunzen, N. (2023): Eine Handreichung für pädagogische Fachkräfte in Kindertagesstätten und Lehrkräfte an Grundschulen zum Bilderbuch ‚Selma und Anton. Die Geschichte einer langen Freundschaft', Berlin: Ariella
Kölsch-Bunzen, N./Goedelt, M. (2021): Selma und Anton. Die Geschichte einer langen Freundschaft, Berlin: Ariella
Kölsch-Bunzen, N./Morys, R./Knoblauch, C. (2015): Kulturelle Vielfalt annehmen und gestalten. Eine Handreichung zur Umsetzung des Orientierungsplans für Kindertageseinrichtungen in Baden-Württemberg, Freiburg/Basel/Wien: Herder
Kristeva, J. (1990): Fremde sind wir uns selbst, Frankfurt a. M.: Suhrkamp
Kushner, L. (2003): Jüdische Mystik. Basistexte aus drei Jahrtausenden, Berlin: Ullstein
LaenderDaten (2021): Demokratieindex 2020; in: https://www.laenderdaten.de/indizes/demokratieindex.aspx; aufgerufen am 06.09.2021
Lapide, P. (2011): Ist die Bibel richtig übersetzt? Gütersloh: Gütersloher Verlagshaus, 3. Auflage
Leimgruber, S. (2007): Interreligiöses Lernen, München: Kösel
Liegle, L. (2006): Bildung und Erziehung in früher Kindheit, Stuttgart: Kohlhammer
Liss, H./Landthaler, B./Gilmont, D. (2014): Erzähl es deinen Kindern. Die Torah in fünf Bänden, Schemot – Namen, Bd. 2, Berlin: Ariella
Liss, H./Landthaler, B./Gilmont, D. (2016): Erzähl es deinen Kindern. Die Torah in fünf Bänden, Devarim – Worte, Bd. 5, Berlin: Ariella
Luhmann, N. (2002): Die Religion der Gesellschaft, Frankfurt a. M.: Suhrkamp
Maihofer, A. (1995): Geschlecht als Existenzweise. Macht, Moral, Recht und Geschlechterdifferenz, Frankfurt a. M.: Ulrike Helmer Verlag
Mandalaywala, T. T. C./Rhodes, M. (2020): Childrens use of race and gender as cues to social status, in: PLoS ONE 15 (6), 1–26; in: https://journals.plos.org/plosone/article?id=10.1371/journal.pone.0234398, aufgerufen am 23.05.2021
Mangold, I. A. (2020): Das deutsche Krokodil: Meine Geschichte, 6. Auflage, Reinbek bei Hamburg: Rowohlt TB
Marx, D. (2021): Durch das jüdische Jahr, Berlin/Leipzig: Hentrich & Hentrich
Mecheril, P./do Mar Castro Varela, M./Dirim, I./Kalpaka, A./Melter, C. (2010): Migrationspädagogik, Weinheim/Basel: Beltz
Mediendienst Integration (2021): Immer mehr antisemitische Straftaten; in: https://mediendienst-integration.de/artikel/immer-mehr-antisemitische-straftaten.html; aufgerufen am 26.08.2022
Menke, V. (2014): Nur durch die Wurzel blüht auch ihr! Kinderbibeln im Lichte des christlich-jüdischen Dialogs, Berlin: Institut Kirche und Judentum
Michalik, K./Schreier, H. (2017): Wie wäre es, einen Frosch zu küssen? Philosophieren mit Kindern im Grundschulunterricht, Braunschweig: Westermann
Moeller, M. L. (2014): Die Wahrheit beginnt zu zweit. Das Paar im Gespräch, 33. Auflage, Reinbek bei Hamburg: Rowohlt TB
Nachama, A./Homolka, W./Bomhoff, H. (2015): Basiswissen Judentum, Freiburg/Basel/Wien: Herder
Negt, O. (2016): Der politische Mensch. Demokratie als Lebensform, Göttingen: Steidl
Öztürk, H. (2007): Wege zur Integration. Lebenswelten muslimischer Jugendlicher in Deutschland, Bielefeld: transcript
Pelinka, A. (Hg.) (2012): Vorurteile. Ursprünge, Formen, Bedeutung, Berlin/Boston: De Gruyter
Perko, G. (2020): Antisemitismus in der Schule: Handlungsmöglichkeiten der Schulsozialarbeit, Weinheim/Basel: Beltz Juventa
Petersen, L.-E./Six, B. (Hg.) (2020): Stereotype, Vorurteile und soziale Diskriminierung. Theorien, Befunde und Interventionen, 2. Auflage, Weinheim/Basel: Beltz

Philippson, L. (2015): Die Tora. Die fünf Bücher Mose und die Prophetenlesungen (hebräisch-deutsch), herausgegeben von Homolka, W./Liss, H./Liwak, R. in der revidierten Übersetzung von Rabbiner Ludwig Philippson, Freiburg/Basel/Wien: Herder

Postone, M. (1982): Die Logik des Antisemitismus; in: Merkur: Deutsche Zeitschrift für europäisches Denken, Heft 36, 13–25

Postone, M. (1988): Nationalsozialismus und Antisemitismus. Ein theoretischer Versuch; in: Diner, D. (Hg.): Zivilisationsbruch. Denken nach Auschwitz, Frankfurt a. M.: Fischer, 242–254

Preissing, C./Wagner, P. (Hg.) (2003): Kleine Kinder, keine Vorurteile? Interkulturelle und vorurteilsbewusste Arbeit in Kindertageseinrichtungen, Freiburg i. Br.: Herder

Prengel, A. (2019): Pädagogische Beziehungen zwischen Anerkennung, Verletzung und Ambivalenz, 2., überarbeitete Auflage, Berlin/Toronto: Barbara Budrich

Quian; M. K./Heymann, G. D./Quinn, P. C./Messi, F. A./Fu, G./Lee, K. (2015): Implicit Racial Biases in Preschool Children and Adults From Asia and Africa; in: Child Development 87 (1), 285–296

Quintana, S./McKnown, C. (Hg.) (2008): Handbook of Race, Racism and the Developing Child, Hoboken, New Jersey: John Wiley and Sons, Inc.

Rahner, K. (1965): Schriften zur Theologie, Bd. VI, Zürich/Einsiedeln/Köln: Benziger

Rosenthal, G. S./Homolka, W. (2014): Das Judentum hat viele Gesichter. Einführung in die religiösen Strömungen der Gegenwart, Berlin: Hentrich & Hentrich, aktualisierte Neuausgabe

Rothschildt, W. (2009): Der Honig und der Stachel. Das Judentum – erklärt für alle, die mehr wissen wollen, Gütersloh: Gütersloher Verlagshaus

Salzborn, S. (2010): Antisemitismus als negative Leitidee der Moderne, Frankfurt a. M./New York: Campus

Salzborn, S. (2021): Schule und Antisemitismus: Politische Bestandsaufnahme und pädagogische Handlungsmöglichkeiten, Weinheim/Basel: Beltz Juventa

Sánchez Vegara, M. I./Barnhart, K. (2021): Iris Apfel. Little People, Big Dreams, London: Quarto Publishing Group (englische Ausgabe)

Sánchez Vegara, M. I./Claude, J. (2022): Albert Einstein. Little People, Big Dreams, Berlin: Insel

Sánchez Vegara, M. I./Martineck, S. (2020): Hannah Arendt. Little People, Big Dreams, Berlin: Insel

Sánchez Vegara, M. I./Orosz, J. (2021): Ruth Bader Ginsburg. Little People, Big Dreams, Berlin: Insel

Sartre, J.-P. (2017): Überlegungen zur Judenfrage, 3. Auflage, Reinbek: Rowohlt

Schäfer, K.-H./Zimmermann, B. (1990): Langenscheidts Taschenwörterbuch Altgriechisch, Altgriechisch–Deutsch, Deutsch–Altgriechisch, Berlin/München: Langenscheidt

Schmidt-Leukel, P. (2008): Multireligiöse Identität. Anmerkungen aus pluralistischer Sicht; in: Bernhardt, R./Schmidt-Leukel, P.: Multiple religiöse Identität. Aus verschiedenen religiösen Traditionen schöpfen, Zürich: Theologischer Verlag, 243–266

Scholem, G. (1980): Die jüdische Mystik in ihren Hauptströmungen, Frankfurt a. M.: Suhrkamp

Schubert, K./Klein, M. (2020): Das Politiklexikon, 7. Auflage, Bonn: Dietz 2020

Schulte, C. (2014): Zimzum. Gott und Weltursprung, Berlin: Jüdischer Verlag bei Suhrkamp

Schwarz-Friesel, M. (1019): Judenhass im Internet. Antisemitismus als kulturelle Konstante und kollektives Gefühl, Berlin/Leipzig: Hentrich & Hentrich

Schwarz-Friesel, M./Reinharz, J. (2013): Die Sprache der Judenfeindschaft im 21. Jahrhundert, Berlin/Boston: De Gruyter

Sen, A. (2020): Die Identitätsfalle. Warum es keinen Krieg der Kulturen gibt, München: C. H. Beck

Sen, A. (2020): Die Identitätsfalle. Warum es keinen Krieg der Kulturen gibt, 4. Auflage, München: C. H. Beck

Senatsverwaltung für Bildung, Jugend, Familie zu Berlin (Hg.) (2020): Umgang mit Antisemitismus in der Grundschule. Alltag von Jüdinnen und Juden in Berlin, Auseinandersetzung mit antisemitischen Vorurteilen, Thematisierung des Holocaust; in: https://nbn-resolving.de/urn:nbn:de:kobv:109-1-15403856; aufgerufen am 27. 12. 2021

Siegler, R./DeLoache, J./Eisenberg, N. (2005): Entwicklungspsychologie im Kindes- und Jugendalter, München: Spektrum Akademischer Verlag

Spier, P. E. (2022): The Book of Jonah, London: Penguin Random House

Spitzer, M. (2002): Lernen. Gehirnforschung und die Schule des Lebens, Heidelberg/Berlin: Spektrum Akademischer Verlag

Statista (2020): Anzahl der Juden weltweit; in: https://de.statista.com/statistik/daten/studie/1173885/umfrage/anzahl-der-juden-weltweit/; aufgerufen am 26.08.2022

Steinbach, P. (2008): Der Nürnberger Prozeß gegen die Hauptkriegsverbrecher; in: Ueberschär, G. R. (Hg.): Der Nationalsozialismus vor Gericht. Die alliierten Prozesse gegen Kriegsverbrecher und Soldaten 1943–1952, Frankfurt a. M.: Fischer, 3. Auflage, 32–44

Stosch, K. v. (2012): Komparative Theologie als Wegweiser in der Welt der Religionen. Beiträge zur komparativen Theologie 6. Paderborn/München/Wien/Zürich: Ferdinand Schöningh

Streib, H. (2001): Faith Development Theory Revisited. The Religious Styles Perspective; in: The International Journal for the Psychology of Religion, 11 (3), 143–158

Sturzbecher, D./Freytag, R. (2000): Familien- und Kindergarten-Interaktionstest. Fit-Kit, Göttingen/Bern/Toronto/Seattle: Hogrefe

Suneby, L./Heiman, D./Molk, L. (2014): Es ist … es ist … es ist eine Mitzwa, Berlin: Jüdische Verlagsanstalt

Tautz, M. (2007): Interreligiöses Lernen im Religionsunterricht. Menschen und Ethos im Islam und Christentum, Stuttgart: Kohlhammer

Tillich, P. (1962): Religionsphilosophie, Stuttgart: Kohlhammer

Tillich, P. (2008): Ausgewählte Texte, Berlin/New York: De Gruyter

Tillich, P. (2008a): Biblical Religion an the Search for Ultimate Reality; in: ders.: Ausgewählte Texte, Berlin/New York: De Gruyter, 313–344

Tomasello, M. (2009): Die Ursprünge der menschlichen Kommunikation, Frankfurt a. M.: Suhrkamp

Tulgan, S./Tripp, G. (2017): Moses der Feuerkopf: Der biblische Auszug aus Ägypten, Berlin: Ariella

Tulgan, Shlomit/Rentsch, N. (2015): Die schlaue Esther. Eine jüdische Erzählung aus dem alten Persien, Berlin: Ariella

UN-Kinderrechtskonvention (UN-KRK) (1989): Die UN-Konvention über die Rechte des Kindes; in: https://www.kinderrechte.de/kinderrechte/un-kinderrechtskonvention-im-wortlaut/; aufgerufen am 27.08.2022

Van Ausdale, D./Feagin, J. R. (2001): The First R: How Children Learn Race and Racism, Lanham Md.: Rowman & Littlefield Publishers

Watzlawick, P./Beavon, J./Jackson, D. D. (1982): Menschliche Kommunikation. Formen Störungen, Paradoxien, 6. Auflage, Bern/Stuttgart/Wien: Huber

Weiss, A./Großekettler, F. (2011): Dinah und Levi: Wie jüdische Kinder leben und feiern, Berlin: Annette Betz Verlag bei Ueberreuter

Zentralrat der Juden in Deutschland (2022a): Meet a jew; in: https://www.meetajew.de; aufgerufen am 29.08.2022

Zentralrat der Juden in Deutschland (2022b): Gemeinsam für Andere. Der jüdische soziale Aktionstag Mitzvah Day; in: https://www.zentralratderjuden.de/angebote/begegnung-dialog/mitzvah-day/; aufgerufen am 02.09.2022

Zick, A./Küpper, B. (2021): Die geforderte Mitte. Rechtsextreme und demokratiegefährdende Einstellungen in Deutschland 2020/21, Bonn: J. H. W. Dietz